「营改增」新政解读与税务处理

——无形资产与跨境涉税行为

蔡 昌 主编

黄颖超 闻晓娟 陈宇翔 副主编

電子工業出版社

Publishing House of Electronics Industry

北京·BEIJING

内 容 简 介

“营改增”在我国全面推开，金融与保险业、建筑与房地产业、生活与现代服务业，交通运输、邮政电信业，以及无形资产与跨境涉税行为领域等都受到严重冲击，一个崭新的增值税时代的帷幕已经拉开。如何深度解读“营改增”新政，如何进一步适应增值税制度，是摆在企业面前一件亟须解决的大事。

本书以无形资产与跨境涉税行为“营改增”的新政解读为切入点，全面分析“营改增”的影响及政策含义，对无形资产与跨境涉税行为产生进项税额和销项税额的业务进行深入剖析，阐释无形资产与跨境涉税领域的“营改增”难题及其解决方案，并对后“营改增”时代的税收筹划进行科学规划。

图书在版编目（CIP）数据

“营改增”新政解读与税务处理．无形资产与跨境涉税行为 / 蔡昌主编．—北京：电子工业出版社，2016.9

ISBN 978-7-121-29474-7

Ⅰ．①营… Ⅱ．①蔡… Ⅲ．①企业管理－无形资产管理－增值税－税收管理－中国 ②跨国公司－增值税－税收管理－中国 Ⅳ．① F812.424

中国版本图书馆 CIP 数据核字 (2016) 第 172460 号

策划编辑：徐　颢
责任编辑：徐　颢　　特约编辑：钟莉娜
印　　刷：北京嘉恒彩色印刷有限责任公司
装　　订：北京嘉恒彩色印刷有限责任公司
出版发行：电子工业出版社
　　　　　北京市海淀区万寿路 173 信箱　　邮编：100036
开　　本：880×1230　1/32　印张：6　字数：116 千字
版　　次：2016 年 9 月第 1 版
印　　次：2016 年 9 月第 1 次印刷
印　　数：3000 册　　定　价：35.00 元

凡所购买电子工业出版社图书有缺损问题，请向购买书店调换。若书店售缺，请与本社发行部联系，联系及邮购电话：(010)88254888，88258888。

质量投诉请发邮件至 zlts@phei.com.cn，盗版侵权举报请发邮件至 dbqq@phei.com.cn。

本书咨询联系方式：(010)88254103。

丛书编委会

推荐序一

增值税作为流转税的宠儿，1954 年在欧洲诞生并经法国政府正式推广而名闻天下。增值税以其税收中性的独特魅力赢得世界 100 多个国家和地区的推崇。增值税风靡全球有其内在的税制优越性。

增值税在我国的推行经历以下关键路线：1979 年我国开始引进增值税，在少数行业和少数地区实行征收试点后，1984 年由国务院经全国人大授权颁布《中华人民共和国增值税条例（草案）》，在国内正式确立增值税制度；1994 年的分税制改革，我国实行生产型增值税制度，意味着货物、服务税制的彻底分离；2009 年我国进行增值税转型改革，实行“消费型”增值税，允许设备类固定资产抵扣进项税额;2012 年 1 月 1 日至 2016 年 5 月 1 日,我国推行“营改增”试点工作，彻底统一了货物、服务、无形资产、不动产等增值税制度，完善了抵扣链条。

“营改增”不仅是国家税制改革的一件大事，也是人们生活中的一件大事。“营改增”为国家经济发展、企业提速增效奠定了基础性条件。重大税改之际，特别推荐阅读蔡昌教授主编的《“营改增”新政解读与税务处理》丛书。丛书分行业讲解“营改增”新政，精选大量经典案例，娓娓道来，深入浅出，把“营改增”在各个行业的新政与实操讲清楚了。

作为老同事、老朋友，我对蔡昌教授这些年来一直致力于税收理论的研究和实务应用表示赞赏，他勇往直前的探索精神和无私的奉献精神饱含着他对我国税收事业的热爱。

学无止境，再次祝贺丛书出版并推荐给大家阅读！

刘桓

国务院参事、著名税务专家

推荐序二

“营改增”之后，面临的一个重大问题就是增值税立法，即系统重构增值税制度。

推进增值税扩围，不仅有助于税务管理和防范税收流失，而且也对经营活动的真实性和现金流提出了强制性约束。“营改增”后的增值税立法，不仅是一次重塑税制公平原则的良机，也是一次构建税收信用的契机。在国家治理的新时期，抓住千载良机，创造一个公平透明的货劳税制度，是我们财税领域各位同仁的共同责任。

蔡昌教授治学严谨，受人尊重，一直是我非常尊重的财税领域的专家、好友。我喜欢蔡昌教授在接受《新理财》杂志记者采访时说过的一句话：全面推行“营改增”，其价值在于“公平透明、减税增信”。的确如此，“营改增”不仅促进税制公平和信息公开透明，还合理降低了企业税负，有效增强了社会各界的税收信用度，对我国税制改革和税收信用建设起到重要的推动作用。

为国护税，助力国家税改；为民解惑，保障企业安全——祝贺《“营改增”新政解读与税务处理》丛书出版，丛书分行业阐述，实务性强，对企业纳税和会计处理均具有重要指导作用。

全国政协委员、中国注册税务师协会副会长

推荐序三

“营改增”不仅是中国经济发展的助推器，其对世界税制的建设也具有示范效应。全面推行“营改增”后，我国不仅实现了货物、服务、劳务的一体化征税，各行业之间基本实现了税制公平，也预示着我国在金融业率先实行增值税制度，成为世界范围内金融领域第一次大规模采用增值税制度的成功变革，必将为世界增值税制度改革提供研究样本和实践案例。

从改革成效看，“营改增”解决了重复征税问题，完善了税制，推动了经济结构调整。“营改增”的全面推行，对中国乃至世界税制都将产生积极而深远的影响。“营改增”是一种减税制度设计，也是国家减税战略的一部分，企业也因“营改增”推行，整体税负呈现一种下降趋势。自“营改增”推行始，中国开启增值税新时代。

蔡昌教授主编的《“营改增”新政解读与税务处理》丛书正式面世，嘱我写几句话，在此予以隆重推荐，希望能够引起大家对“营改增”税制改革的关注和兴趣！

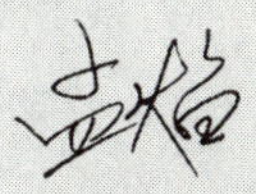

著名会计学家、中国会计学会常务理事

丛书前言

开启增值税的新时代

一、从营业税到增值税的逻辑

营业税是一个古老的税种，我国周代的商贾虞衡、汉代征收的算缗钱都属于营业税的雏形。明代征收的“市肆门摊税”、清代的铺间房税、晚清的厘金制，都可以视为营业税的前身。民国初年，我国从国外引入“营业税”名称[①]，国民政府的“裁厘加税”改革，将牙税、厘金、执照税、牌照税都纳入营业税中，营业税的范围逐渐扩大。

新中国成立后，我国政府将营业税作为重要的税种纳入工商税制中。1984 年，工商税制改革，更加凸显了营业税的地位，国务院颁布的《中华人民共和国营业税条例（草案）》规范了营业税的征收范围及相关税制。1994 年，我国进行分税制改革，确立在销售货物（部分劳务）征收增值税的条件下，营业税主要针对交通业、通信业、金融保险业、服务业等行业征收，实行差别比例税率，体现行业税负差别。营业税实际上也是中央和地方共享税，营业税在为政府筹集财政收入的同时，其本身“道道征税，不扣减成本费用”的特点，也使营业税纳税人承担着较重的税收负担。

营业税和增值税并行造成商品劳务税制的分离和税负不平等。增值税作为流转税的宠儿，最早于 1954 年在法国成功推行。增值税以其税收中性的独特魅力受到世界多数国家的推崇。我国在 1979 年

① 民国初年的“营业税”实际上指执照税。

开始引进增值税，在少数行业和少数地区实行征收试点后，于1984年由国务院经全国人民代表大会授权颁布《中华人民共和国增值税条例（草案）》，在国内正式确立了增值税制度。1994年的分税制改革，我国实行了生产型增值税制度，也意味着中国商品、服务税制的彻底分离。由于生产型增值税对投资具有抑制作用，为鼓励投资和产业结构调整，我国对增值税进行转型改革，实行“消费型”增值税，扩大了抵扣范围，减轻了增值税纳税人的税收负担。在增值税完成转型改革后，增值税、营业税纳税人税负不平等更加凸显。实行商品、服务、劳务一体化征税，减少服务业等第三产业的重复征税，完善增值税抵扣链条，实现商品劳务税制公平，成为广大纳税人的共同期盼。

二、“营改增”是中国税制的一场深刻革命

2014年以来，我国经济发展步入新常态。加快税制改革，减轻第三产业的税收负担，成为促进产业结构调整的重要选择。受西方主权国家债务危机冲击，面临出口受阻、产能过剩，我国宏观经济政策从扩大投资转向结构性减税，希望通过减轻税收负担，增强企业活力，发挥市场配置资源的基础性作用。因此，我国扩大增值税征收范围，以“中性”的增值税替代营业税，彻底实现商品、服务、劳务税制统一，彻底解决困扰服务业发展的重复征税问题，完善整个经济活动中的增值税抵扣链条，激发企业技术创新和结构调整的积极性，推动生产型服务业发展，推动产业结构优化和升级。全面实行增值税是中国税制改革的一场革命，能够基本消除流转环节中的重复征税，体现出增值税的中性特征和公平性税制优势。

“营改增”成为我国财税改革的新起点。全面实行增值税不仅是促进经济“稳增长、调结构”的关键点，也是深化财税体制改革的新基点。“营改增”完成和改革过渡期结束后，中央和地方之间财权重新划分的问题就浮出水面。由于“营改增”后地方财政收入占全国财政收入的比重下降，原本十分尖锐的地方财权和事权不相匹配

的矛盾更加突出。“营改增”倒逼整个财税体制改革，迫使政府进行事权、财权重新配置，推动我国分级财政管理体制改革。

我国的“营改增”对世界税制建设具有示范效应。全面推行“营改增”后，我国不仅实现了商品、服务、劳务的一体化征税，实现了税制基本公平，也标志着我国在金融保险业率先实行增值税制度，成为世界上其他国家或者经济体金融税制改革的一个样本。我国在金融业税收征管中对风险控制的经验，也必定成为世界其他国家金融业税制建设的一个标杆。

“营改增”必将推动我国税收管理的现代化进程。增值税的抵扣制度设计，使得纳税人之间索要发票的积极性提高，形成一种缜密的监督约束机制。但是，“营改增”之后，由于纳税人数量的激增，税务征管任务变得更加繁重。为了提高征管效率，税务部门推进税收信息化，增强与其他部门之间的信息交换，大力推行电子发票，从而推动税收管理组织再造和流程重构。

总之，“营改增”在我国的全面推行，对税收制度将产生深远影响，不仅能够消除重复征税，完善增值税抵扣链条，还能促进税制更趋于公平合理。“营改增”之后，企业税收结构也会发生深刻变化，尤其是随着国家全面推行减税战略，“营改增”当属于一种减税制度设计，对于我国税制优化与转型起到重要的推动作用，“营改增”使我国逐渐步入增值税新时代。

三、“营改增”对不同行业的税制产生重大影响和冲击

实施“营改增”，最大的效应在于“公平税制、降税增信”，即不仅能够促进税制的公平性，还能合理降低企业税负，有效增强纳税人的税收信用，对我国税制改革起到重要的推动作用。“营改增”不是税制改革的终点，而是税制改革的起点，并将成为中国税制改革的关键性环节和重要里程碑。

“营改增”对不同行业产生不同的影响和冲击。建筑业在“营改增”后面临着较大的税负波动及管理行为调整，即建筑业原来适用

的营业税税率仅为3%，而"营改增"后建筑业的销项税率为11%，如果不能够充分抵扣进项税额，将面临税负的显著性增加。但由于砂、石料、土等就地取材的建筑材料很难取得进项税额，加上建筑企业人工费用呈逐年增长之势，这无形中扩大了不能抵扣的进项税额的比例。另外，"甲供工程"、"清包工"的增多，以及挂靠业务的消失，也将推高建筑企业的实际税负率。所以，建筑企业短期内很难遏制税负增长的大趋势。

房地产业"营改增"后则享受大大的政策利好。原因在于房地产企业计算销售额时，允许以全部价款和价外费用扣除土地出让金后的余额作为销售额，虽然销项税率为11%，但允许减除土地成本，这将导致较低的实际税负率，将有助于缓解房地产业的税负压力。譬如，当土地成本占到全部价款和价外费用之和的40%时，则实际税负率就降到6.6%，相当于比原来的销售不动产营业税税负率5%高出1.6%，但此时还允许减除进项税额，即所有与购入服务、货物、无形资产、不动产有关的进项税额，只要取得增值税专用发票，就能获得进项税额抵扣，且获取的进项税额一般会超过全部价款和价外费用之和的1.6%。所以，"营改增"后房地产业最终的增值税实际税负率会低于5%，出现减税效应。

由于生活服务业所涉及的购进的进项税额不会太多，因此"营改增"后增值税实际税负率不会比6%下降很多，可能会在5%左右徘徊，这将与原来的营业税税负不存在太大差异。但是，生活服务业涉及多个领域，比如餐饮、酒店，还有日常生活服务等，还是会因为进项税抵扣情况不同而存在一定程度的税负差异。这需要针对每一类生活服务业，进行更深入的税负分析测算。另外，许多生活服务类企业不含税营业额在500万元以下，属于小规模纳税人，适用3%的征收率，其税负也较轻。

金融业企业"营改增"后采用一般计税方法，允许采用税款抵扣制。但是，由于存款利息收支不计入销项和进项，贷款方利息支出也不得抵扣增值税，因此，全范围打通增值税抵扣链条的理想与情景远未实现。“营改增”后金融业名义税率为 6%，不含税销售额相当于适用的税率为5.66%，看起来略高于原来的营业税税率，但最终的实际税负率还取决于税基与进项税额抵扣情况。原来免征营业税的同业线下拆借在增值税制度下仍会享受免征增值税优惠，但年末交易累计金融商品转让价差不得结转抵减下一年度应税收入，却会稍微扩大增值税负担。另外，金融业企业普遍购置大额固定资产（包括有形动产和不动产）的概率较低，如果仅凭一些现代服务、生活服务项目抵扣进项税额，则最终金融企业的增值税负担也难以出现较大幅度的下降。

四、丛书的写作风格、结构框架及其他说明

《“营改增”新政解读与税务处理》丛书，按照不同行业特点深度阐释“营改增”新政与税务处理技巧，共分以下五个分册，即金融与保险业，建筑与房地产业，交通运输、邮政电信业，生活与现代服务业，以及无形资产与跨境涉税行为。丛书依据最新颁布的“营改增”新政、税收征管制度和企业会计准则，通过案例解读不同行业的“营改增”税制及税收法理，帮助纳税人正确掌握增值税操作实务、会计处理技巧、风险规避要点和税收筹划方法，凸显较强的实用性和可操作性。

丛书适于财税干部、企事业单位管理层及企业财务人员、税务人员阅读，也适于财经类专业的本科生、研究生以及研究人员阅读。为了完成本套丛书的研究和写作工作，我们成立了丛书编委会，全面策划、运筹丛书的框架设计、初稿写作、修改及定稿工作。丛书由中央财经大学蔡昌教授担任编委会主任。限于时间和学识水平，书中疏漏和不足之处在所难免，敬请广大读者批评指正，以便我们日后再版修订。

《“营改增”新政解读与税务处理》丛书编委会

2016 年 8 月于北京

目　录

第一篇

“营改增”新政解读

2016 年 3 月 24 日，财政部、国家税务总局颁布《关于全面推开营业税改征增值税试点的通知》（财税〔2016〕36 号），要求自 2016 年 5 月 1 日起，在全国范围内的全部行业全面推开“营改增”试点，将建筑业、房地产业、金融业和生活服务业全部纳入“营改增”范围，并将企业新增不动产所含增值税纳入抵扣范围，加大企业减负力度。至此，营业税退出历史舞台，增值税全面覆盖所有行业，我国比较完整地实现规范的消费型增值税制度。

下面我们将对这次重大的税制改革政策进行深入分析，逐条解读财税〔2016〕36 号文件的政策精神和操作要点。

第一章　纳税人和扣缴义务人

第一条　在中华人民共和国境内（以下称境内）销售服务、无形资产或者不动产（以下称应税行为）的单位和个人，为增值税纳税人，应当按照本办法缴纳增值税，不缴纳营业税。

单位，是指企业、行政单位、事业单位、军事单位、社会团体及其他单位。

个人，是指个体工商户和其他个人。

【解读】销售服务、无形资产或者不动产，包括三个税目：一是销售服务，具体包括销售交通运输服务、邮政服务、电信服务、建筑服务、金融服务、现代服务、生活服务；二是销售无形资产；三是销售不动产。

这里的企业包括国有经济、集体经济、私营经济、联营经济、股份制经济、外商投资经济、港澳台投资经济、其他经济等形式的企业。

对于行政单位、事业单位、军事单位、社会团体及其他单位，只要发生了增值税应税行为，就是增值税的纳税人，就应当依法缴纳增值税。

【案例 1-1】某市地税局将闲置的办公楼对外出租，取得的租金收入是否需要缴纳增值税？

增值税的纳税人，是指应当缴纳增值税的单位或者个人，即在中华人民共和国境内销售服务、无形资产或者不动产的单位或个人。地税局取得租金收入，符合上述政策，需要缴纳增值税，因此地税局是增值税的纳税人。

第二条 单位以承包、承租、挂靠方式经营的，承包人、承租人、挂靠人（以下统称承包人）以发包人、出租人、被挂靠人（以下统称发包人）名义对外经营并由发包人承担相关法律责任的，以该发包人为纳税人。否则，以承包人为纳税人。

【解读】本条是关于采用承包、承租、挂靠的经营方式下界定纳税人的规定。理解本条规定应从以下几方面把握。

1. 承包、承租经营

（1）承包经营。企业承包经营是发包方在不改变企业所有权的前提下，将企业发包给经营者承包，经营者以企业的名义从事经营活动，并按合同分享经营成果的经营形式。

（2）承租经营。企业承租经营，是在所有权不变的前提下，出租方将企业租赁给承租方经营，承租方向出租方交付租金并对企业实行自主经营，在租赁关系终止时，返还所承租的财产。

企业承包经营与企业承租经营相比，主要有以下差异。

（1）基本内容不同。企业承包合同的基本内容，是承包上缴利润指标以及由此产生的当事人之间的其他权利义务关系；企业承租合同的基本内容，是承租方对企业财产进行租赁经营，并向出租方交纳租金。

（2）适用范围不同。从适用范围上看，承包经营合同多适用于大中型企业，而承租经营合同则多适用于小型企业。

（3）抵押财产的提供与否不同。在承包经营合同中，承包方提供抵押财产不是合同的有效条件，而在承租经营合同中，一般会明确。

（4）对亏损的补偿来源不同。发生亏损时，承包企业只要用企业的自有资金补偿即可，而承租合同的承租方则必须以抵押财产进行补偿。

（5）新增资产的归属不同。在承包经营的情况下，承包期间新增资产的所有权性质与承包前的企业所有权性质是一致的；而在承租经营的情况下，租赁期间承租方用其收入追加投资所添置的资产，则属于承租方。

2. 挂靠经营

（1）挂靠经营的含义

挂靠经营，是指企业、合伙组织等与另一个经营主体达成依附协议，挂靠方通常以被挂靠方的名义对外从事经营活动，被挂靠方提供资质、技术、管理等方面的服务并定期向挂靠方收取一定管理费用的经营方式。

（2）挂靠经营的主要特征

第一，挂靠经营是一种借用行为。挂靠经营是挂靠方以被挂靠方的名义进行经营，所以，挂靠经营的关系实质上是一种借用关系，这种借用关系的内容主要表现为资质、技术、管理经验等无形财产方面的借用，而不是有形财产方面的借用。

第二，挂靠经营是一种独立核算行为。挂靠经营是一种自主经营的行为，而自主经营的最大的特点在于独立核算。

第三，挂靠经营是一种临时性行为。挂靠经营是一种借用行为，借用的性质决定了挂靠经营的暂时性。

3. 承包、承租、挂靠方式下界定纳税人的原则

采用承包、承租、挂靠经营方式的纳税人的界定，分为两种情况。

（1）同时满足以下两个条件的，以发包人为纳税人：一是以发包人名义对外经营；二是由发包人承担相关法律责任。

（2）不能同时满足上述两个条件的，以承包人为纳税人。

【案例1-2】 甲房地产开发公司下设的全资子公司将开发一栋办公楼，由于全资子公司不具有建筑资质，全资子公司挂靠乙建筑公司进行开发。如果全资子公司承担相关的法律责任，请问谁是纳税人？如果乙建筑公司承担相关的法律责任，请问谁是纳税人？

根据规定：如果全资子公司承担相关的法律责任，则全资子公司为纳税人；如果乙建筑公司承担相关的法律责任，乙建筑公司为纳税人。

第三条 纳税人分为一般纳税人和小规模纳税人。

应税行为的年应征增值税销售额（以下称应税销售额）超过财政部和国家税务总局规定标准的纳税人为一般纳税人，未超过规定标准的纳税人为小规模纳税人。

年应税销售额超过规定标准的其他个人不属于一般纳税人。年应税销售额超过规定标准但不经常发生应税行为的单位和个体工商户可选择按照小规模纳税人纳税。

【解读】 本条是关于试点纳税人分类、划分标准的规定。按照我国现行增值税的管理制度，对增值税纳税人实行分类管理。在本次“营改增”改革中仍予以沿用，将纳税人分为一般纳税人和小规模纳税人。小规模纳税人与一般纳税人的划分，以发生应税行为的年应税销售额为标准。对于一般纳税人和小规模纳税人进行区别对待，规定了不同的计税方法和凭证管理要求。

纳税人发生应税行为，当年应税销售额超过500万元（含本数）的纳税人为一般纳税人；年应税销售额未超过500万元的纳税人为小规模纳税人。

两项特殊规定：（1）年应税销售额超过规定标准的其他个人不属于一般纳税人；（2）不经常发生应税行为的单位和个体工商户可选择按照小规模纳税人纳税。另外，兼有销售货物、提供加工修理修配劳务以及应税行为，且不经常发生应税行为的单位和个体工商户也可选择按照小规模纳税人纳税。

第四条 年应税销售额未超过规定标准的纳税人，会计核算健全，能够提供准确税务资料的，可以向主管税务机关办理一般纳税人资格登记，成为一般纳税人。

会计核算健全，是指能够按照国家统一的会计制度规定设置账簿，根据合法、有效凭证核算。

【解读】本条是关于小规模纳税人可主动申请办理一般纳税人资格登记的规定。实践中，很多小规模纳税人建立健全了财务会计核算制度，能够提供准确的税务资料，满足了凭发票注明税款抵扣的管理需要。这时如果小规模纳税人向主管税务机关提出申请，可登记为一般纳税人。

年应税销售额，是指纳税人在连续不超过12个月的经营期内累计应征增值税的销售额，含减、免税销售额、发生境外应税行为销售额以及按规定已从销售额中差额扣除的部分。如果该销售额是含税的，应按照适用税率或征收率换算为不含税的销售额。

试点纳税人“营改增”试点实施前的应税行为年销售额按以下公式换算：

应税行为年销售额＝连续不超过12个月应税行为营业额合计÷（1＋3%）

按规定差额征收营业税的试点纳税人，上述公式中“应税行为营业额”按未扣除前的营业额计算。

【链接】

一、原增值税纳税人［指按照《中华人民共和国增值税暂行条例》（中华人民共和国国务院令第538号）缴纳增值税的纳税人］符合一般纳税人的标准如下：

（一）从事货物生产或者提供应税劳务的纳税人，以及以从事货物生产或者提供应税劳务为主，并兼营货物批发或者零售的纳税人，年应征增值税销售额（以下简称应税销售额）在50万元以下（含本数）的；

（二）除第（一）项规定以外的纳税人，年应税销售额在80万元以下的。

以从事货物生产或者提供应税劳务为主，是指纳税人的年货物生产或者提供应税劳务的销售额占年应税销售额的比重在50%以上。

二、增值税一般纳税人办理资格登记的有关事项，请参考《增值税一般纳税人资格认定管理办法》(国家税务总局令第22号)和《国家税务总局关于调整增值税一般纳税人管理有关事项的公告》(国家税务总局公告2015年第18号)有关规定。

如表1-1所示的是增值税一般纳税人认定规则的例外情形。

表1-1　增值税一般纳税人认定规则的例外情形

例外规定	原增值税业务的纳税人	"营改增"业务的纳税人
选择认定	非企业性单位(如行政事业单位、团体)、不经常发生应税行为的企业，可以选择按小规模纳税人纳税	应税行为年销售额超过规定标准但不经常提供应税服务的非企事业性质单位、企业和个体工商户，可以选择按照小规模纳税人纳税
必须认定	对从事成品油销售的加油站，无论是否达到一般纳税人标准，一律认定为一般纳税人	
不能认定	超过规定标准的其他个人(指自然人)不属于一般纳税人	

【案例1-3】A企业为金融企业，2016年5月开始增收增值税，5～12月份取得销售额为1236万元。

该金融企业应登记为一般纳税人。应税行为年销售额为1236÷(1+3%)=1200(万元)，超过了年销售额500万元的标准，故应登记为一般纳税人。

1. 特殊规定

（1）年应税销售额超过规定标准的其他个人不属于一般纳税人。

（2）不经常发生应税行为的单位和个体工商户可选择按照小规模纳税人纳税。另外，兼有销售货物、提供加工修理修配劳务以及应税行为，且不经常发生应税行为的单位和个体工商户也可选择按照小规模纳税人纳税。

（3）增值税小规模纳税人偶然发生的转让不动产的销售额，不计入应税行为年销售额。

（4）试点纳税人兼有销售货物、提供加工修理修配劳务和应税行为的，应税货物及劳务销售额与应税行为销售额应分别计算，分别适用增值税一般纳税人资格认定标准。

2. 小规模纳税人可以主动申请办理一般纳税人资格

（1）划分一般纳税人与小规模纳税人的一条重要指标，是纳税人会计核算制度健全并能够提供准确税务资料。

（2）如何理解“会计核算健全”和“能够准确提供税务资料”？

会计核算健全，是指能够按照国家统一的会计制度规定设置账簿，根据合法、有效凭证核算。会计核算健全主要是指纳税人具备以下条件：有专业的财务会计人员，能按照财务会计制度规定设置总账和有关明细账进行会计核算，能准确核算增值税销售额、销项税额、进项税额和应纳税额等。

能够准确提供税务资料，是指能够按规定如实填报增值税纳税申报表及其他相关资料，并按期进行申报纳税。

第五条 符合一般纳税人条件的纳税人应当向主管税务机关办理一般纳税人资格登记。具体登记办法由国家税务总局制定。

除国家税务总局另有规定外，一经登记为一般纳税人后，不得转为小规模纳税人。

【解读】本条所称符合一般纳税人条件，是指纳税人应税行为年销售额超过 500 万元，且不属于《营业税改增值税试点实施办法》第三条规定的不登记为一般纳税人情况的。

符合一般纳税人条件的纳税人，应当向主管税务机关申请资格登记；未申请办理一般纳税人资格登记手续的，应按销售额和相应的增值税税率计算应纳税额，不得抵扣进项税额，也不得使用增值税专用发票（含税控机动车销售统一发票）。

纳税人一经登记为一般纳税人后，不得转为小规模纳税人。原增值税一般纳税人兼有应税行为，按照规定应当申请登记一般纳税人资格的，不需要重新登记一般纳税人资格。由主管税务机关制作、送达《税务事项通知书》，告知纳税人。

第六条 中华人民共和国境外（以下称境外）单位或者个人在境内发生应税行为，在境内未设有经营机构的，以购买方为增值税扣缴义务人。财政部和国家税务总局另有规定的除外。

【解读】本条是关于增值税扣缴义务人的规定。理解本规定应从以下四个方面来把握。

（1）以购买方为增值税扣缴义务人的前提，是境外单位或者个人在境内未设立经营机构。如果境外单位或者个人在境内设立了经营机构，应以其经营机构为增值税纳税人，不存在由扣缴义务人扣缴税款的问题。

（2）扣缴义务人在扣缴增值税时，应按照以下公式计算应扣缴税额：

应扣缴税额＝购买方支付的价款÷（1＋税率）×税率

这里需要注意的是，按照上述公式计算应扣缴税额时，无论购买方支付的价款是否超过500万元的一般纳税人标准，无论扣缴义务人是一般纳税人或者小规模纳税人，一律按照境外单位或者个人发生应税行为的适用税率予以计算。

（3）境内购买方从境外单位或者个人购进服务、无形资产或者不动产的，其取得的解缴税款的完税凭证上注明的增值税额，准予从销项税额中抵扣。

（4）扣缴义务发生时间为纳税人增值税纳税义务发生的当天。扣缴义务人应当向其机构所在地或者居住地主管税务机关申报缴纳扣缴的税款。

【案例1-4】境外某企业为境内A企业提供咨询服务，该企业在境内未设立机构场所，A企业就支付给境外企业的咨询服务费需要代扣代缴增值税吗？

A企业需要代扣代缴增值税，按现代服务业6%的税率代扣代缴。中华人民共和国境外（以下称境外）单位或者个人在境内发生应税行为，在境内未设有经营机构的，以购买方为增值税扣缴义务人。

【链接】

扣缴义务人，是指负有代扣代缴他人应纳税款义务的单位或个人。税收法律法规中有关扣缴义务人的规定，实际是一种为防止税款流失而采取的征管办法。确定扣缴义务人一般基于以下两个条件：一是税务部门对纳税人的应纳税款不易管理；二是纳税人的部分资金掌握在扣缴义务人手中。

扣缴义务人与委托代征单位是两个不同的法律概念，不能将两者混为一谈。《税收征管法》第三十条规定："扣缴义务人依照法律、行政法规的规定履行代扣、代收税款的义务。对法律、行政法规没有规定负有代扣、代收税款义务的单位和个人，税务机关不得要求其履行代扣、代收税款义务。扣缴义务人依法履行代扣、代收税款义务时，纳税人不得拒绝。纳税人拒绝的，扣缴义务人应当及时报告税务机关处理。"

委托代征单位，是税务机关根据《中华人民共和国税收征收管理法实施细则》（以下简称《税收征管法实施细则》）第四十四条"税务机关根据有利于税收控管和方便纳税的原则，可以按照国家有关规定委托有关单位和人员代征零星分散和异地缴纳的税收，并发给委托代征证书。受托单位和人员按照代征证书的要求，以税务机关的名义依法征收税款，纳税人不得拒绝；如纳税人拒绝，受托代征单位和人员应当及时报告税务机关"的规定，委托有关单位代征零星分散和异地缴纳的税收。

扣缴义务人代扣代缴、代收代缴税款的义务是法定的，如果不作为，按《税收征管法》规定，扣缴义务人应扣未扣、应收而不收税款的，由税务机关向纳税人追缴税款，对扣缴义务人处应扣未扣、应收未收税款百分之五十以上三倍以下的罚款。

目前，《税收征管法》中没有规定受托代征人不作为需承担的法律责任，因此，税务机关对不作为的委托代征人无法按照《税收征管法》进行处理和处罚，只能按照《合同法》的有关规定，依法申请人民法院强制执行代征人已代征未按期结报或占用的税款。

第七条 两个或者两个以上的纳税人，经财政部和国家税务总局批准可以视为一个纳税人合并纳税。具体办法由财政部和国家税务总局另行制定。

【解读】本条是对两个或者两个以上的纳税人，可以视为一个纳税人合并纳税的规定。本条规定对于探索集团增值税纳税模式提供了政策依据。有利于集团优化企业架构，提高资源运营效率。合并纳税的批准主体是财政部和国家税务总局。

第八条 纳税人应当按照国家统一的会计制度进行增值税会计核算。

【解读】本次“营改增”后，所有营业税业务全部改为征收增值税。在增值税会计处理上，试点纳税人按照《营业税改征增值税试点有关企业会计处理规定》（财会〔2012〕13 号）执行。

第二章　征税范围

第九条 应税行为的具体范围，按照本办法所附的《销售服务、无形资产、不动产注释》执行。

【解读】增值税应税行为的具体范围，包括销售交通运输服务、邮政服务、电信服务、建筑服务、金融服务、现代服务、生活服务、转让无形资产或者销售不动产。

此次“营改增”将全部营业税行业纳入增值税征收范围，因此，《销售服务、无形资产、不动产注释》涵盖了原营业税税目注释中的所有应税行为。

《销售服务、无形资产、不动产注释》是在原《营业税改征增值税试点实施办法》所附的《应税服务范围注释》基础上，结合《营业税税目注释（试行稿）》（国税发〔1993〕149号）以及《国民经济行业分类》（GB/T4754-2011），主要依据涉税行为的属性进行了税目划分，调整了《应税服务范围注释》中个别应税服务的税目归属，梳理并完善了原营业税税目注释中金融保险业、建筑业、其他服务业、转让无形资产和销售不动产的具体范围，新增了原《营业税税目注释（试行稿）》中未能直接列明的新兴经济行为，以及未能纳入营业税征税范围的经济权益转让行为。同时，考虑到现代服务和生活服务中存在新兴业态较多、新兴经济行为不断涌现的情况，写入了“其他现代服务”和“其他生活性服务”作为政策兜底。

【链接】

一、何为税目?

税目，亦称“课税品目”或“征税品目”，是指税法中按照一定的标准和范围对课税对象进行划分从而确定的具体征税品种或项目，是课税对象的具体化。它反映了具体的征收范围，代表了征税广度，是一个税种课征制度组成的一个要素。例如，我国新税制中消费税的征税对象是生产、委托加工、进口和零售环节的特定消费品，现行消费税征税范围包括烟、酒、化妆品等 15 个税目。

不是所有的税种都规定税目，如房产税征税对象简单、明确，没有另行规定税目的必要。有的税种征税对象比较复杂，一般要先分大类，在类别之下再分税目、子目、细目。凡是无税目的税种均有统一的税率，凡是有税目的税种，均无统一税率。规定税目是为了明确具体的征税范围，规定征税的广度。

列入税目的就是应税产品或项目，没有列入税目的就不是应税产品或项目，这样征税的界限就十分明确了。

通过规定各种税目，可以对不同的产品或项目制定高低不同的税率，体现国家税收政策。理论上说，设计税目时，一方面要注意不同税目的划分界限要十分明确，不能模棱两可。否则，由于税目不同、税率不同，在征税时，适用税目不明，就会发生混乱。另一方面应注意同一税目的税负水平要尽量接近。同一税目有统一税率，如果同一税目的税负水平相差悬殊，征税后，就会发生税负过轻或过重的不合理现象。

二、税目有何作用

税目具有两方面的作用：一是明确征税的范围，体现征税的广度，凡属于列举税目之内的产品或收入即为课税对象，反之则为非课税对象；二是对具体征税项目进行归类和界定。

设置税目的目的，一是为了体现公平原则，根据不同项目的利润水平和国家经济政策，通过设置不同的税率进行税收调控；二是为了体现“简便”原则，对性质相同、利润水平相当且国家经济政策调控方向也相同的项目进行分类，以便按照项目类别设置税率。

有些税种不分课税对象的性质，一律按照课税对象的应税数额采用同一税率计征税款，因此没有必要设置税目，如企业所得税。有些税种具体课税对象复杂，需要规定税目，如消费税，一般都规定有不同的税目。

第十条 销售服务、无形资产或者不动产，是指有偿提供服务、有偿转让无形资产或者不动产，但属于下列非经营活动的情形除外。

一、行政单位收取的同时满足以下条件的政府性基金或者行政事业性收费。

（一）由国务院或者财政部批准设立的政府性基金，由国务院或者省级人民政府及其财政、价格主管部门批准设立的行政事业性收费；

（二）收取时开具省级以上（含省级）财政部门监（印）制的财政票据；

（三）所收款项全额上缴财政。

二、单位或者个体工商户聘用的员工为本单位或者雇主提供取得工资的服务。

三、单位或者个体工商户为聘用的员工提供服务。

四、财政部和国家税务总局规定的其他情形。

【解读】上述两条规定是有关增值税征税范围的规定，应从以下两个方面掌握。

1. 应税行为

应税行为，是指有偿销售服务、无形资产或者不动产的行为。有偿，是指取得货币、货物或者其他经济利益。

2. 非经营活动

非经营活动中销售服务、无形资产或者不动产不属于发生应税行为，不征收增值税。非经营活动包括如下四种情形。

（1）行政单位收取的同时满足条件的政府性基金或者行政事业性收费。

与原规定不同的是，本条的适用主体由“非企业性单位”变成了“行政单位”。由于行政单位本身就有履行国家行政管理的职能，因此与原财税〔2013〕106号文相比，删去了“履行国家行政管理职能”的表述。

（2）单位或者个体工商户聘用的员工为本单位或者雇主提供取得工资的服务。例如，单位聘用的驾驶员为本单位职工开班车。

（3）单位或者个体工商户为聘用的员工提供服务。

（4）财政部和国家税务总局规定的其他情形。

第十一条 有偿，是指取得货币、货物或者其他经济利益。

【解读】如何理解“有偿”？

（1）有偿，是确立一项经济行为是否缴纳增值税的前置条件之一。

（2）有偿，包括取得货币、货物或者其他经济利益。

（3）例外情形。按照《试点实施办法》第十四条规定，单位或者个体工商户向其他单位或者个人无偿提供服务、无偿转让无形资产或者不动产，除用于公益事业或者以社会公众为对象的以外，应视同销售服务、无形资产或者不动产，征收增值税。

无偿转让无形资产或不动产，包括以无形资产和不动产投资入股的情况。

提醒注意，单位或者个体工商户聘用的员工为本单位或者雇主提供取得工资的服务，虽然发生有偿行为，但不属于增值税的征收范围。

【案例 2-1】A 房地产开发企业委托 B 建筑工程公司建造房屋，2016 年 5 月 10 日双方在结算价款时，A 房地产企业将若干套不含税价格为 1000 万元的房屋用于冲抵应付建筑公司的工程款，同时另外支付工程款 200 万元。假设工程款是完工时一次支付的，增值税按简易计税方法计税。

A 企业会计处理：

借：开发成本	12 500 000	
贷：主营业务收入		10 000 000
应交税费——应交增值税		500 000
银行存款		2 000 000

本案例中，A 房地产开发企业委托 B 建筑工程公司建造房屋，双方在结算价款时，房地产企业将若干套房屋给建筑公司冲抵工程款，看上去没有资金往来，但实际上 A 房地产开发企业取得的好处是接受了 B 建筑工程公司的建筑服务，同样 B 建筑工程公司获得了房屋所有权，双方都取得了经济利益，因此必须计算缴纳增值税。

【链接】

一、政府性基金

《政府性基金管理暂行办法》规定：政府性基金，

是指各级人民政府及其所属部门根据法律、行政法规和中共中央、国务院文件规定，为支持特定公共基础设施建设和公共事业发展，向公民、法人和其他组织无偿征收的具有专项用途的财政资金。

本条规定的属于非经营活动的政府性基金，必须是国务院或财政部批准设立的政府性基金。例如：铁路建设基金、民航发展基金、教育费附加、文化事业建设费等。

二、行政事业性收费

《行政事业性收费标准管理暂行办法》规定：行政事业性收费，是指国家机关、事业单位、代行政府职能的社会团体及其他组织根据法律法规等有关规定，依照国务院规定程序批准，在实施社会公共管理，以及在向公民、法人提供特定公共服务过程中，向特定对象收取的费用。

本条规定的属于非经营活动的行政事业性收费，必须是由国务院或者省级人民政府及其财政、价格主管部门批准设立的行政事业性收费。例如：机动车号牌工本费、商标注册收费、银行业监管费、房屋所有权登记费等。

【案例 2-2】2016 年 5 月 20 日，A 公司用房屋与 B 公

司的土地进行等价交换。经评估，土地和房屋的价格均为1000万元（不含税价格）。A公司的房屋和B公司的土地均为2014年取得，选择按简易计税方法计税。

经评估，土地和房屋的价格均为1000万元。A公司的房屋和B公司的土地均为2014年取得，双方选择采用简易计税方法。

A公司会计处理：

应交增值税＝1000×5%＝50（万元）

借：无形资产　　10 500 000

　贷：固定资产清理　　10 000 000

　　应交税费——应交增值税　　500 000

B 公司会计处理：

应交增值税＝1000×5%＝50（万元）

借：固定资产　　10 500000

　贷：无形资产　　10 000 000

　　应交税费——应交增值税　　500 000

本案例中，A公司以不动产换取了B公司的土地使用权，此时虽没有取得货币资金，但A公司取得了B公司的土地使用权；同样B公司也是以土地为代价换取了A公司的房屋所有权，这里的土地使用权和房屋所有权就是我们所说的其他经济利益。所以，非货币资产交换行为同样需要缴纳增值税。

第十二条　在境内销售服务、无形资产或者不动产，是指：

（一）服务（租赁不动产除外）或者无形资产（自然资

源使用权除外）的销售方或者购买方在境内；

（二）所销售或者租赁的不动产在境内；

（三）所销售自然资源使用权的自然资源在境内；

（四）财政部和国家税务总局规定的其他情形。

【解读】本条是对在境内销售服务、无形资产或者不动产的具体规定，可从以下两个方面把握。

（1）服务（租赁不动产除外）或者无形资产（自然资源使用权除外）的销售方或者购买方在境内。即境内的单位或者个人作为销售方发生上述应税行为属于在境内发生应税行为，境外的单位或个人作为购买方在境内发生上述应税行为也属于在境内发生应税行为。例如：境内单位向境外单位购买的咨询服务属于境内销售服务。

（2）所销售或者租赁的不动产在境内，以及所销售自然资源使用权的自然资源在境内。这强调的是应税行为所对应的标的物在境内，即无论是境内单位或者个人，还是境外单位或者个人，只要其发生上述应税行为的标的物在境内，均属于在境内发生应税行为。

第十三条 下列情形不属于在境内销售服务或者无形资产：

（一）境外单位或者个人向境内单位或者个人销售完全在境外发生的服务；

（二）境外单位或者个人向境内单位或者个人销售完全在境外使用的无形资产；

（三）境外单位或者个人向境内单位或者个人出租完全在境外使用的有形动产；

（四）财政部和国家税务总局规定的其他情形。

【解读】本条是对不属于在境内销售服务或者无形资产的具体规定，采取排除法明确了不属于在境内提供应税服务的三种情形，具体如下。

（1）境外单位或者个人向境内单位或者个人销售完全在境外发生的服务。例如：境外单位向境内单位提供完全发生在境外的会展服务。

（2）境外单位或者个人向境内单位或者个人销售完全在境外使用的无形资产。例如：境外单位向境内单位销售完全在境外使用的专利和非专利技术。

（3）境外单位或者个人向境内单位或者个人出租完全在境外使用的有形动产。

【案例 2-3】境外单位 A 向境内单位 B 出租完全在境外使用的小汽车。该行为是否要在中国境内申报缴纳增值税？

境外单位 A 向境内单位 B 出租完全在境外使用的小汽车不属于境内提供劳务，不需在境内缴纳增值税。

对上述三项规定的理解把握三个要点：一是应税行为的销售方为境外单位或者个人；二是境内单位或者个人在境外购买；三是所购买的应税行为必须完全在境外使用或消费。

第十四条 下列情形视同销售服务、无形资产或者不动产。

（一）单位或者个体工商户向其他单位或者个人无偿提供服务，但用于公益事业或者以社会公众为对象的除外。

（二）单位或者个人向其他单位或者个人无偿转让无形资产或者不动产，但用于公益事业或者以社会公众为对象的除外。

（三）财政部和国家税务总局规定的其他情形。

【解读】本条是关于视同销售服务、无形资产或者不动产的具体规定。

本条是对不能同时满足征税条件但需要缴纳增值税的例外情况的规定，即向他人无偿提供服务、转让无形资产或者不动产，应视同销售服务、无形资产或者不动产，照章缴纳增值税。理解本条应从以下四个方面把握。

（1）从税制设计和加强征管的角度看，将无偿提供服务、转让无形资产或者不动产与有偿提供服务、转让无形资产或者不动产同等对待，均纳入征税范围，既可以体现税收的公平性，也可以堵塞税收漏洞，防止纳税人利用无偿行为不征税的规定逃避税收。

（2）将以公益活动为目的或者以社会公众为对象的无偿提供服务、无偿转让无形资产或者不动产，排除在视同销售范围之外，主要是为了促进社会公益事业的发展。

（3）要注意区别提供服务、转让无形资产或者不动产与视同提供服务、转让无形资产或者不动产以及非经营活动三者的不同，准确把握征税与不征税的处理原则。

（4）根据国家指令无偿提供的航空运输服务、铁路运输服务，属于本条规定的以公益活动为目的的服务，不征收增值税。

【链接】

《中华人民共和国增值税暂行条例实施细则》第四条规定：

单位或者个体工商户的下列行为，视同销售货物：

（一）将货物交付其他单位或者个人代销；

（二）销售代销货物；

（三）设有两个以上机构并实行统一核算的纳税人，将货物从一个机构移送其他机构用于销售，但相关机构设在同一县（市）的除外；

（四）将自产或者委托加工的货物用于非增值税应税项目；

（五）将自产、委托加工的货物用于集体福利或者个人消费；

（六）将自产、委托加工或者购进的货物作为投资，提供给其他单位或者个体工商户；

（七）将自产、委托加工或者购进的货物分配给股东或者投资者；

（八）将自产、委托加工或者购进的货物无偿赠送其他单位或者个人。

第三章 税率和征收率

第十五条 增值税税率:

（一）纳税人发生应税行为,除本条第（二）项、第（三）项、第（四）项规定外，税率为6%。

（二）提供交通运输、邮政、基础电信、建筑、不动产租赁服务，销售不动产，转让土地使用权，税率为11%。

（三）提供有形动产租赁服务，税率为17%。

（四）境内单位和个人发生的跨境应税行为，税率为零。具体范围由财政部和国家税务总局另行规定。

【解读】本条是对销售应税服务、无形资产和不动产增值税税率的规定。

理解本条应从以下五个方面掌握。

1. 增值税税率适用于一般纳税人按照一般计税方法计税的情况

即一般纳税人销售服务、无形资产或者不动产，除按规定可以选择简易计税方法外，应按照一般计税方法和适用税率计算增值税应纳税额。

2. 销售服务的增值税税率

（1）提供增值电信服务、金融服务、现代服务（租赁服务除外)、生活服务，税率为6%。

（2）提供交通运输服务、邮政服务、基础电信服务、建筑服务、不动产租赁服务，税率为11%。

（3）提供有形动产租赁服务，税率为17%。

（4）境内单位和个人跨境提供应税服务，符合规定条件的，税率为零。

3. 销售无形资产的增值税税率

（1）转让土地使用权，税率为11%。

（2）转让土地使用权以外的其他无形资产，税率为6%。

（3）境内单位和个人跨境转让无形资产，符合规定条件的，税率为零。

4. 销售不动产的增值税税率为11%

5. 特例情况

（1）兼营

试点纳税人销售货物、加工修理修配劳务、服务、无形资产或者不动产适用不同税率或者征收率的，应当分别核算适用不同税率或者征收率的销售额，未分别核算销售额的，按照以下方法适用税率或者征收率：

兼有不同税率的销售货物、加工修理修配劳务、服务、无形资产或者不动产，从高适用税率。

兼有不同征收率的销售货物、加工修理修配劳务、服务、无形资产或者不动产，从高适用征收率。

兼有不同税率和征收率的销售货物、加工修理修配劳务、服务、无形资产或者不动产，从高适用税率。

【案例 3-1】某试点一般纳税人既销售不动产，又提供经纪代理服务，如果该纳税人能够分别核算适用不同税率的销售额，没有分别核算，按什么税率缴纳？

如果该纳税人能够分别核算上述两项应税行为的销售额，则销售不动产适用 11% 的增值税税率，提供经纪代理服务适用 6% 的增值税税率；如果该纳税人没有分别核算上述两项应税行为的销售额，则销售不动产和提供经纪代理服务均从高适用 11% 的增值税税率。

（2）混合销售

一项销售行为如果既涉及服务又涉及货物，称为混合销售。

从事货物的生产、批发或者零售的单位和个体工商户的混合销售行为，按照销售货物缴纳增值税；其他单位和个体工商户的混合销售行为，按照销售服务缴纳增值税。

上述从事货物的生产、批发或者零售的单位和个体工商户，包括以从事货物的生产、批发或者零售为主，并兼营销售服务的单位和个体工商户在内。

【链接】

一、为什么规定混合销售？

原增值税和营业税条例及细则中有关混合销售的

概念是一致的，即一项销售行为如果既涉及货物又涉及营业税应税劳务,称为混合销售行为。此次“营改增”后，营业税全部改征增值税，已不存在涉及货物又涉及非增值税应税劳务的概念。但如果销售一个茶杯都要划分货物与设计，按17%和6%分别征税的话，又改变了税制设计的初衷,也使本来简单的问题复杂化。因此,《营业税改征增值税试点实施办法》增加了混合销售的规定。

二、如何确定混合销售行为?

从混合销售行为的定义中可知，鉴别混合销售行为成立的标准之一是以一项销售行为是否既涉及服务又涉及货物为尺度的，那么，在实际工作中，应该如何确定什么行为是混合销售行为呢？

混合销售行为成立的行为标准有两点，一是其销售行为必须是一项；二是该项行为必须即涉及服务又涉及货物，其中，货物是指增值税条例中规定的有形动产，包括电力、热力和气体；服务是指属于改征范围的交通运输服务、建筑服务、金融保险服务、邮政服务、电信服务、现代服务、生活服务等。

我们在确定混合销售是否成立时，其行为标准中的上述两点必须是同时存在，如果一项销售行为只涉及销售服务，不涉及货物，这种行为就不是混合销售行为；

反之，如果涉及销售服务和货物的行为，不是同时存在于一项销售行为之中，这种行为也不是混合销售行为。

第十六条 增值税征收率为3%，财政部和国家税务总局另有规定的除外。

【解读】除部分不动产销售和租赁行为的征收率为5%以外，小规模纳税人发生的应税行为以及一般纳税人发生特定应税行为，增值税征收率为3%。

【链接】

本条是对增值税征收率的规定。理解本条应从以下两个方面掌握。

1.征收率适用于两种情况。

（1）小规模纳税人。

（2）一般纳税人销售服务、无形资产或者不动产，按规定可以选择简易计税方法计税的。

2.销售应税服务、无形资产和不动产的征收率。

（1）按照简易计税方法计税的销售不动产、不动产经营租赁服务（除试点前开工的高速公路的车辆通行费），征收率为5%。

（2）其他情况，征收率为3%。

第四章 应纳税额的计算

第十七条 增值税的计税方法，包括一般计税方法和简易计税方法。

【解读】本条是对增值税的计税方法的规定。理解本条应从以下两个方面掌握。

（1）增值税有两种计税方法，分别是一般计税方法和简易计税方法。

（2）这两种计税方法的基本适用情况如下。

1）一般计税方法是按照销项税额减去进项税额的差额计算应纳税额，适用于增值税一般纳税人。

2）简易计税方法是按照销售额与征收率的乘积计算应纳税额，一般适用于小规模纳税人，一般纳税人在销售服务、无形资产或者不动产的时候，符合规定的，也可以适用简易计税方法。

第十八条 一般纳税人发生财政部和国家税务总局规定的特定应税行为，可以选择适用简易计税方法计税，但一经选择，36 个月内不得变更。

【解读】关于一般纳税人销售服务、无形资产或者不动产，按照《试点有关事项的规定》进行归纳，可以选择简易计税方法计税的情形，主要包括以下内容。

（1）公共交通运输服务。

（2）经认定的动漫企业为开发动漫产品提供的动漫脚本编撰、形象设计、背景设计、动画设计、分镜、动画制作、摄制、描线、上色、画面合成、配音、配乐、音效合成、剪辑、字幕制作、压缩转码（面向网络动漫、手机动漫格式适配）服务，以及在境内转让动漫版权（包括动漫品牌、形象或者内容的授权及再授权）。

（3）电影放映服务、仓储服务、装卸搬运服务、收派服务和文化体育服务。

（4）在纳入"营改增"试点之日前取得的有形动产为标的物提供的经营租赁服务。

（5）在纳入"营改增"试点之日前签订的尚未执行完毕的有形动产租赁合同。

（6）以清包工方式提供的建筑服务。

（7）为甲供工程提供的建筑服务。

（8）销售 2016 年 4 月 30 日前取得的不动产。

（9）房地产开发企业销售自行开发的房地产老项目。

（10）出租 2016 年 4 月 30 日前取得的不动产。

（11）其他情形。

因此，除财政部和国家税务总局规定的特定应税行为外，一般纳税人应按照一般计税方法计算缴纳增值税。

第十九条 小规模纳税人发生应税行为适用简易计税方

法计税。

【解读】关于小规模纳税人计税方法的规定。小规模纳税人销售服务、无形资产或者不动产，一律按照简易计税方法计税。

【案例 4-1】某房地产开发企业为一般纳税人，2016 年 6 月销售已开发完成的老项目，取得销售收入 12 600 万元。

企业的账务处理如下：

借：银行存款　　126 000 000

　贷：主营业务收入　　120 000 000

　　应交税费——应交增值税（销项税额）　6 000 000

房地产开发企业销售老项目可以选择按简易办法计算应纳增值税，具体的计算如下：

应纳增值税 =12600÷（1 + 5%）×5%=600（万元）

【案例 4-2】某餐饮服务公司为小规模纳税人，2016 年 5 月份取得销售收入 103 000 元，购进税控收款机一台，支付 3510 元。

该餐饮公司的会计处理：

（1）取得销售收入

借：银行存款　　103 000

　贷：主营业务收入　　100 000

　　应交税费——应交增值税　　3000

（2）购入税控：

借：固定资产——电子设备　　3510

贷：库存现金 3510

借：应交税费——应交增值税 510

贷：递延收益 510

一般情况下，增值税小规模纳税人取得的进项是不能抵扣的，但是增值税小规模纳税人购进税控收款机，取得增值税专用发票的，可抵免税额是专用发票上注明的增值税税额；取得普通发票的，按照普通发票上注明的价款，依下列公式计算可抵免税额：

可抵免税额＝价款÷（1＋17%）×17%

第二十条 境外单位或者个人在境内发生应税行为，在境内未设有经营机构的，扣缴义务人按照下列公式计算应扣缴税额：

应扣缴税额＝购买方支付的价款÷（1＋税率）×税率

【解读】本条规定了境外单位和个人在境内发生应税行为的扣缴税款问题。

本条适用于境外单位和个人在境内销售服务、无形资产或者不动产，且没有在境内设立经营机构的情况。对于提供加工、修理修配劳务应按《增值税暂行条例》履行扣缴义务。

【案例4-3】境外公司为某纳税人提供咨询服务，合同价款106万元，且境外公司没有在境内设立经营机构，应以服务购买方为增值税扣缴义务人，则购买方应当扣缴的税款计算如下：

应扣缴增值税 =106÷（1 + 6%）×6%=6（万元）

第二十一条 一般计税方法的应纳税额，是指当期销项税额抵扣当期进项税额后的余额。应纳税额计算公式：

应纳税额 = 当期销项税额 － 当期进项税额

当期销项税额小于当期进项税额以至不足抵扣时，其不足部分可以结转下期继续抵扣。

【解读】本条是关于增值税应纳税额计算方法的规定，理解本条规定应从以下方面掌握。

目前我国增值税实行购进扣税法，也就是纳税人发生应税行为时按照销售额计算销项税额，购进货物、劳务、服务、无形资产或不动产时，以支付或负担的税款为进项税额，同时允许从销项税额中抵扣进项税额。这样，就相当于仅对发生应税行为的增值部分征税。当销项税额小于进项税额时，不足抵扣的部分可以结转下期继续抵扣。

【案例 4-4】某一增值税一般纳税人 2016 年 10 月取得交通运输收入 111 万元（含税），当月外购汽油 10 万元（不含税金额，取得增值税专用发票上注明的增值税额为 1.7 万元），购入运输车辆 20 万元（不含税金额，取得机动车销售统一发票上注明的增值税额为 3.4 万元）。

该一般纳税人的会计处理如下。

（1）取得交通运输收入

借：银行存款　　1 110 000

　贷：主营业务收入　　1 000 000

　　　应交税费——应缴增值税（销项税额）　110 000

（2）当月外购汽油

借：管理费用　　100 000

　　应交税费——应交增值税（进项税额）　17 000

　贷：银行存款　　117 000

（3）购入运输车辆

借：固定资产　　200 000

　　应交税费——应交增值税（进项税额）　34 000

　贷：银行存款　　234 000

该纳税人 2016 年 10 月的应纳增值税税额为：

111÷(1 + 11%) ×11%-1.7-3.4=5.9（万元）。

第二十二条 销项税额，是指纳税人发生应税行为按照销售额和增值税税率计算并收取的增值税额。销项税额计算公式为：

销项税额 = 销售额 × 税率

【解读】本条规定了销项税额的概念及其计算方法。

（1）从上述销项税额的计算公式中可以看出，销项税额是应税行为的销售额和增值税税率的乘积，是提供应税行为的增值税整体税金，抵扣当期进项税额之后，形成当期增值税应纳税额。

（2）一般纳税人应在“应交税费”科目下设置“应交增值税”明细科目。在“应交增值税”明细账中，应设置“销项税额”等专栏。

“销项税额”专栏，记录一般纳税人销售服务、无形资产或者不动产应收取的增值税额。一般纳税人销售服务、无形资产或者不动产应收取的销项税额，用蓝字登记；退回以及中止或者折让应冲销销项税额，用红字登记。

第二十三条　一般计税方法的销售额不包括销项税额，纳税人采用销售额和销项税额合并定价方法的，按照下列公式计算销售额：

销售额＝含税销售额 ÷（1＋税率）

【解读】确定一般纳税人销售服务、无形资产或者不动产的销售额时，可能会遇到一般纳税人由于销售对象的不同、开具发票种类的不同而将销售额和销项税额合并定价的情况。对此，本条规定，一般纳税人采用销售额和销项税额合并定价方法的，按照这一公式计算销售额：

销售额＝含税销售额 ÷（1＋税率）

在营业税改征增值税之前，由于营业税属于价内税，纳税人根据实际取得的价款确认营业额，按照营业额和营业税税率的乘积确认应交营业税。在营业税改征增值税之后，由于增值税属于价外税，一般纳税人取得的含税销售额，先进行价税分离换算成不含税销售额，再按照不含税销售额与增值税税率之间的乘积确认销项税额。

【链接】

一、价内税

1.什么是价内税?

价内税就是税金包含在价格之中，作为价格的组成部分的税种，比如说营业税、消费税等。在以产品销售收入额作为计税依据从价定率征收的情况下，价内税的计税依据是含税价格，它等于成本＋利润＋税金。如现行消费税和1994年税制改革前的产品税属于价内税。

2.价内税的优缺点

价内税的优点在于:税金包含在价格之内，由于价格已定，国家可以通过调整价格内税收的比例来调控经济。

价内税的缺点在于:在实行自由价格的条件下，由于价格要灵活，而税收则在一定时期内应保持稳定，把相对固定的流转税含在价格内，会使价格和税收产生相互牵制的作用，双方难以灵活调节。

3. 价内税的计算

价内税：税款＝含税价格 × 税率

4. 实行价内税的税种，包括消费税等

二、价外税

1. 什么是价外税?

价外税为价内税的对称，是指税款不包含在商品价格内的税，价税分列的税种。

一般说来，价外税是商品经济的产物。在市场经济条件下，生产经营者制定价格以生产价格为基础，生产价格由生产成本加平均利润两部分构成，这样国家以流通中商品为对象所征的税款，只能作为价格附加，成为价外税。

由于增值税实行价外税，而交叉征收的消费税又是作为增值税的税基，消费税实行价内税。

2. 价外税的优点

价税分开、透明度高，有利于发挥价格和税收各自的独特作用，便于消费者对价格和税收进行监督，同时也便于企业根据市场情况确定价格。

3. 价外税的计算

价外税是由购买方承担税款，销售方取得的货款包括销售款和税款两部分。由于税款等于销售款乘以税率，而这里的销售款等于货款（即含税价格）减去税款，即不含税价格，因此，税款计算公式演变为：

税款＝［货款 ÷（1 ＋税率）］× 税率

4. 价外税的计算

税款＝［含税价格 ÷（1 ＋税率）］× 税率

＝不含税价格 × 税率

5. 实行价外税的税种，包括增值税

第二十四条 进项税额，是指纳税人购进货物、加工修理修配劳务、服务、无形资产或者不动产，支付或者负担的增值税额。

【解读】

（1）关于进项税额的概念需从以下三个方面理解：

1）必须是增值税一般纳税人，才涉及进项税额的抵扣问题；

2）产生进项税额的行为是纳税人购进货物、服务、无形资产、不动产或者接受加工修理修配劳务；

3）必须是购买方支付或者负担的增值税额。

（2）一般纳税人应在“应交税费”科目下设置“应交增值税”明细科目。在“应交增值税”明细账中，应设置“进项税额”等专栏。

“进项税额”专栏，记录一般纳税人购进货物、服务、无形资产、不动产或者接受加工修理修配劳务而支付的、准予从销项税额中抵扣的增值税额。一般纳税人购进货物、服务、无形资产、不动产或者接受加工修理修配劳务支付的进项税额，用蓝字登记；退回中止或者折让应冲销的进项税额，用红字登记。

第二十五条 下列进项税额准予从销项税额中抵扣。

（1）从销售方取得的增值税专用发票（含税控机动车销售统一发票，下同）上注明的增值税额。

（2）从海关取得的海关进口增值税专用缴款书上注明的增值税额。

（3）购进农产品，除取得增值税专用发票或者海关进口增值税专用缴款书外，按照农产品收购发票或者销售发票上注明的农产品买价和13%的扣除率计算的进项税额。计算公式为：

进项税额 = 买价 × 扣除率

买价，是指纳税人购进农产品在农产品收购发票或者销售发票上注明的价款和按照规定缴纳的烟叶税。

购进农产品，按照《农产品增值税进项税额核定扣除试点实施办法》抵扣进项税额的除外。

（4）从境外单位或者个人购进服务、无形资产或者不动产，自税务机关或者扣缴义务人取得的解缴税款的完税凭证上注明的增值税额。

【解读】本条对纳税人可抵扣增值税进项税额的情况进

行了列示。

1. 增值税专用发票上注明的增值税税额

（1）增值税专用发票注明的增值税税额；

（2）税控《机动车销售统一发票》上注明的增值税税额。

2. 海关进口增值税专用缴款书上注明的增值税税额

目前货物进口环节的增值税是由海关负责代征的，试点纳税人在进口货物办理报关进口手续时，需向海关申报缴纳进口增值税并从海关取得完税证明，其取得的海关进口增值税专用缴款书上注明的增值税额准予抵扣。试点纳税人取得海关进口增值税专用缴款书，按照《国家税务总局海关总署关于实行海关进口增值税专用缴款书“先比对后抵扣”管理办法有关问题的公告》（国家税务总局海关总署 2013 年第 31 号公告）执行“先比对，后抵扣”政策。

3. 农产品进项税额抵扣

一般纳税人购进农产品抵扣进项税额存在如下 5 种情况。

（1）从一般纳税人购进农产品，按照取得的增值税专用发票上注明的增值税额。

（2）进口农产品，按照取得的海关进口增值税专用缴款书上注明的增值税额。

（3）自农业生产者购进自产农产品以及自小规模纳税人购入农产品（不含享受批发零售环节免税政策的鲜活肉蛋产品和蔬菜），按照取得的销售农产品的增值税普通发票上注明的农产品买价和 13% 的扣除率计算的进项税额。

（4）向农业生产者个人收购其自产农产品，按照收购单位自行开具农产品收购发票上注明的农产品买价和 13% 的扣除率计算的进项税额。

（5）按照《财政部国家税务总局关于在部分行业试行农产品增值税进项税额核定扣除办法的通知》（财税〔2012〕38 号）规定，生产销售液体乳及乳制品、酒及酒精、植物油实行核定扣除。《国家税务总局关于在部分行业试行农产品增值税进项税额核定扣除办法有关问题的公告》（国家税务总局公告 2012 年第 35 号）明确了具体核定方法。

后续《财政部国家税务总局关于扩大农产品增值税进项税额核定扣除试点行业范围的通知》（财税〔2013〕57 号）规定，各地可根据实际情况自行扩大核定扣除范围。

4. 中华人民共和国税收完税凭证

纳税人购买境外单位或者个人销售的服务、无形资产或者不动产，从税务机关或者扣缴义务人取得的解缴税款的完税凭证上注明的增值税额准予抵扣。

【链接】

一、准予从销项税额中抵扣的进项税额，应至少同时具备以下条件。

（一）发生允许从销项税额中抵扣进项税额的购进行为。

允许从销项税额中抵扣进项税额的购进行为，包括购进货物、加工修理修配劳务、服务、无形资产或者不动产。

（二）只有应税行为的代扣代缴税款可以凭完税凭证抵扣，且需要具备书面合同、付款证明和境外单位的对账单或者发票。否则，进项税额不得从销项税额中抵扣。

二、为什么海关进口增值税专用缴款书上注明的增值税额可以抵扣?

与增值税专用发票一样，海关进口增值税专用缴款书也是凭票抵扣制度的重要依据。海关征收进口环节增值税时，需要填发海关进口增值税专用缴款书，上面注明纳税人所缴纳的增值税额。相对于专用发票而言，进口环节增值税是纳税人向海关实实在在缴纳的税款，拿到海关进口增值税专用缴款书就意味着纳税人缴纳了增值税，根据增值税“征多少、扣多少”的机制原理，进口环节增值税理应作为进项税额抵扣。所以，从海关取得的海关进口增值税专用缴款书上注明的增值税额准予抵扣。

三、农产品进项税额抵扣特殊规定的成因。

购进农产品，除取得增值税专用发票或者海关进口增值税专用缴款书外，可以适用按照农产品收购发票或者销售发票上注明的农产品买价和13%的扣除率计算抵扣进项税额的特殊规定。我国农业基础薄弱，农业生产者数量众多，分布较为分散，经营规模较小。而增值税实行凭票抵扣，一般要求有健全的会计核算制度，但想让农民做到这一点是很困难的。因此，为了保证增值税的有效运行，免除农民的纳税申报义务，简化税收征管，我国在农业生产环节实行免征增值税政策。按道理，纳税人购进免税农产品，因为农民没有收取增值税额，因而购买方未“支付”进项税额，也就无税款可供抵扣。但是农民生产农产品所购买的燃料、农机具等生产资料是支付了增值税的，农产品价格中也就包含了一部分增值税，也就是说购进免税农产品的纳税人在一定程度上是“负担”了增值税的。此时，如果不允许购买免税农产品的纳税人计算进项税额进行扣除，那么将造成一定程度的重复征税，也可能导致农产品收购单位借此压低农产品价格从而减少农民收入，损害农民利益。为此，我国增值税制专门对纳税人购进免税农产品规定了一项特殊政策，即允许这部分免税农产品“虚拟”出一定的进项税额并计算抵扣。

四、适用一般计税方法的试点纳税人，2016年5月1日后取得并在会计制度上按固定资产核算的不动产或者2016年5月1日后取得的不动产在建工程，其进项税额应自取得之日起分2年从销项税额中抵扣，第一年抵扣比例为60%，第二年抵扣比例为40%。

不动产分期抵扣的具体规定，请参考《国家税务总局关于发布〈不动产进项税额分期抵扣暂行办法〉的公告》（国家税务总局公告2016年第15号）。

第二十六条 纳税人取得的增值税扣税凭证不符合法律、行政法规或者国家税务总局有关规定的，其进项税额不得从销项税额中抵扣。

增值税扣税凭证，是指增值税专用发票、海关进口增值税专用缴款书、农产品收购发票、农产品销售发票和完税凭证。

纳税人凭完税凭证抵扣进项税额的，应当具备书面合同、付款证明和境外单位的对账单或者发票。资料不全的，其进项税额不得从销项税额中抵扣。

【解读】本条是关于纳税人取得的增值税扣税凭证有关要求的规定。

自1994年实行增值税改革以来，为加强增值税管理（包括对增值税专用发票以及其他增值税扣税凭证的抵扣管理），国家税务总局陆续出台了若干税收规定，其中的一些税收规定目前仍然有效。这次营业税改征增值税中，试点纳税人发生的增值税涉税问题，除了应按照财税〔2016〕36

号文件执行外，也应当执行上述原有增值税政策规定。因此，试点纳税人需注意这一原则，其中在增值税进项税额抵扣方面，应重点关注以下规定：

1.《增值税专用发票使用规定》

《增值税专用发票使用规定》是增值税一般纳税人如何领购、开具、缴销、报税、认证、抵扣增值税专用发票等有关问题的具体规定。

2015 年 4 月 1 日起，全国范围内开始分步全面推行增值税发票系统升级版，纳税人将通过增值税发票升级版开具发票。

2015 年 12 月 1 日，为进一步适应社会经济发展和税收现代化建设需要，在新系统基础上，在全国范围推行增值税电子发票，重点在电商、电信、快递、公用事业等行业。

2016 年 1 月 1 日起，货物运输业增值税专用发票停止使用。为避免浪费，方便纳税人发票使用衔接，货物运输业增值税专用发票最迟可以使用至 2016 年 6 月 30 日，7 月 1 日起停止使用。

2. 关于增值税扣税凭证抵扣期限的规定

（1）关于增值税专用发票

增值税一般纳税人取得的增值税专用发票（包括《增值税专用发票》、税控《机动车销售统一发票》），应在开具之日起 180 日内到税务机关办理认证，并在认证通过的次月申报期内，向主管税务机关申报抵扣进项税额。需要注意的是，为贯彻落实《深化国税地税征管体制改革方案》的文件精神，进一步优化纳税服务，方便纳税人办税，自2016年3月1日起，对纳税信用A级增值税一般纳税人取消增值税发票认证。

（2）关于海关进口增值税专用缴款书

自2013年7月1日起，增值税一般纳税人（以下简称纳税人）进口货物取得的属于增值税扣税范围的海关缴款书，需经税务机关稽核比对相符后，其增值税额方能作为进项税额在销项税额中抵扣。纳税人进口货物取得的属于增值税扣税范围的海关缴款书，应按照《国家税务总局关于调整增值税扣税凭证抵扣期限有关问题的通知》（国税函〔2009〕617号）规定，自开具之日起180天内向主管税务机关报送《海关完税凭证抵扣清单》（电子数据），申请稽核比对，逾期未申请的进项税额不予抵扣。

（3）未在规定期限内认证或者申报抵扣的情况

增值税一般纳税人取得的增值税专用发票（包括：《增值税专用发票》、税控《机动车销售统一发票》）以及海关缴款书，未在规定期限内到税务机关办理认证或者申报抵扣的，不得作为合法的增值税扣税凭证，不得计算进项税额进行抵扣。

纳税人发生应税行为，应当向索取增值税专用发票的购买方开具增值税专用发票，并在增值税专用发票上分别注明销售额和销项税额。

属于下列情形之一的，不得开具增值税专用发票：

（1）向消费者个人销售服务、无形资产或者不动产。

（2）适用免征增值税规定的应税行为。

小规模纳税人发生应税行为，购买方索取增值税专用发票的，可以向主管税务机关申请代开。

第二十七条 下列项目的进项税额不得从销项税额中抵扣。

（一）用于简易计税方法计税项目、免征增值税项目、集体福利或者个人消费的购进货物、加工修理修配劳务、服务、无形资产和不动产。其中涉及的固定资产、无形资产、不动产，仅指专用于上述项目的固定资产、无形资产（不包括其他权益性无形资产）、不动产。

纳税人的交际应酬消费属于个人消费。

（二）非正常损失的购进货物，以及相关的加工修理修配劳务和交通运输服务。

（三）非正常损失的在产品、产成品所耗用的购进货物（不包括固定资产）、加工修理修配劳务和交通运输服务。

（四）非正常损失的不动产，以及该不动产所耗用的购进货物、设计服务和建筑服务。

（五）非正常损失的不动产在建工程所耗用的购进货物、设计服务和建筑服务。

纳税人新建、改建、扩建、修缮、装饰不动产，均属于不动产在建工程。

（六）购进的旅客运输服务、贷款服务、餐饮服务、居民日常服务和娱乐服务。

（七）财政部和国家税务总局规定的其他情形。

本条第（四）项、第（五）项所称货物，是指构成不动产实体的材料和设备，包括建筑装饰材料和给排水、采暖、卫生、通风、照明、通信、煤气、消防、中央空调、电梯、电气、智能化楼宇设备及配套设施。

【解读】

一、本条是关于不得抵扣的进项税额的规定。理解本规定应从以下四个方面把握。

1. 用于简易计税方法计税项目、免征增值税项目、集体福利或者个人消费而购进货物、加工修理修配劳务、服务、无形资产和不动产。

（1）不能抵扣的原因

①增值税遵循征扣税一致的原则，征多少扣多少，未征税或免税则不扣税。

②购进的用于集体福利或个人消费的货物及其他应税行为，并非用于企业生产经营，也就无权要求抵扣税款，而应负担相应的税金。

（2）交际应酬消费

个人消费包括纳税人的交际应酬消费。交际应酬消费不属于生产经营中的生产投入和支出，是一种生活性消费活动，而增值税是对消费行为征税的，消费者即是税负承担者。因此，交际应酬消费需要负担对应的进项税额。同时，交际应酬消费和个人消费难以准确划分，征管中不宜掌握界限，如果对交际应酬消费和个人消费分别适用不同的税收政策，容易诱发偷避税行为。因此，为了简化操作，公平税负，对交际应酬消费所用的货物、加工修理修配劳务、服务、无形资产和不动产不得抵扣进项税额。

（3）固定资产、无形资产、不动产进项税额的处理原则

固定资产、无形资产、不动产的进项税额抵扣原则与其他允许抵扣的项目相比有一定的特殊性。一般情况下，对纳税人用于适用简易计税方法计税项目、免征增值税项目、集体福利或者个人消费的购进货物、加工修理修配劳务、服务、无形资产和不动产的进项税额不得从销项税额中抵扣。

但是，涉及的固定资产、无形资产和不动产，仅指专用于简易计税方法计税项目、免征增值税（以下简称免税）项目、集体福利或者个人消费的情况，对属于兼用于允许抵扣项目和上述不允许抵扣项目的情况，其进项税额准予全部抵扣。之所以如此规定，主要是因为固定资产、无形资产和不动产项目发生上述兼用情况的较多，且比例难以准确区分。以固定资产进项税额抵扣为例，纳税人购进一台发电设备，既可以用于增值税应税项目，也可以用于增值税免税项目，二者共用，且比例并不固定，难以准确区分。如果按照对其他项目进项税额的一般处理原则办理，不具备可操作性。因此，选取了有利于纳税人的如下特殊处理原则：

对纳税人涉及的固定资产、无形资产、不动产项目的

进项税额，凡发生专用于简易计税方法计税项目、免征增值税项目、集体福利或者个人消费项目的，该进项税额不得予以抵扣；发生兼用于上述不允许抵扣项目情况的，该进项税额准予全部抵扣。

另外，由于其他权益性无形资产涵盖面非常广，往往涉及纳税人生产经营的各个方面，没有具体使用对象，因此，将其从专用于简易计税方法计税项目、免征增值税项目、集体福利或者个人消费的购进的无形资产不得抵扣进项税额范围中剔除，即：纳税人购进其他权益性无形资产无论是专用于简易计税方法计税项目、免征增值税项目、集体福利或者个人消费，还是兼用于上述不允许抵扣项目，均可以抵扣进项税额。

2. 虽然取得合法的扣税凭证，但非正常损失的购进货物，以及相关的加工修理修配劳务和交通运输服务；非正常损失的在产品、产成品所耗用的购进货物（不包括固定资产）、加工修理修配劳务和交通运输服务；非正常损失的不动产，以及该不动产所耗用的购进货物、设计服务和建筑服务，上述所涉及的进项税额是不能抵扣的。

非正常损失，是指因管理不善造成货物被盗、丢失、霉烂变质，以及因违反法律法规造成货物或者不动产被依法没收、销毁、拆除的情形。

3. 一般纳税人购进的旅客运输服务、贷款服务、餐饮服务、居民日常服务和娱乐服务的进项税额。

一般意义上，旅客运输服务、餐饮服务、居民日常服务和娱乐服务主要接受对象是个人。对于一般纳税人购买的旅客运输服务、餐饮服务、居民日常服务和娱乐服务，难以准确地界定接受劳务的对象是企业还是个人，因此，一般纳税人购进的旅客运输服务、餐饮服务、居民日常服务和娱乐服务的进项税额不得从销项税额中抵扣。

4. 自 2013 年 8 月 1 日起，纳税人购进的应征消费税的摩托车、汽车、游艇视同购进固定资产允许抵扣进项税额。

【案例 4-5】企业支付中央空调、电梯等不动产附属设施的保养费用、维修配件等日常维护费用，取得增值税专用发票的进项税额可否抵扣？

可以抵扣。根据《中华人民共和国增值税暂行条例》(国务院令第 538 号)第十条规定:“下列项目的进项税额不得从销项税额中抵扣:(一)用于非增值税应税项目、免征增值税项目、集体福利或者个人消费的购进货物或者应税劳务;(二)非正常损失的购进货物及相关的应税劳务;(三)非正常损失的在产品、产成品所耗用的购进货物或者应税劳务;(四)国务院财政、税务主管部门规定的纳税人自用消费品;(五)本条第(一)项至第(四)项规定的货物的运输费用和销售免税货物的运输费用。”案例所述不是用于上述范围的，所以企业取得的进项可以抵扣。

第二十八条 不动产、无形资产的具体范围，按照本办法所附的《销售服务、无形资产或者不动产注释》执行。

固定资产，是指使用期限超过 12 个月的机器、机械、运输工具，以及其他与生产经营有关的设备、工具、器具等有形动产。

非正常损失，是指因管理不善造成货物被盗、丢失、霉烂变质，以及因违反法律法规造成货物或者不动产被依法没收、销毁、拆除的情形。

【解读】本条是对固定资产、非正常损失等情况的解释。

固定资产是从会计核算角度对某一类货物的概括性称呼，其本质仍然是货物，在固定资产划分上，税法与会计的标准并不完全一致。目前税法对固定资产的规定为：使用期限超过 12 个月的机器、机械、运输工具以及其他与生产经营有关的设备、工具、器具等。和会计准则相比，不包括不动产及不动产在建工程（准则中所说的固定资产，是指为生产商品、提供劳务、出租或者经营管理而持有，并且使用寿命超过一个会计年度）。

非正常损失是指因管理不善造成货物被盗、丢失、霉烂变质，以及因违反法律法规造成货物或者不动产被依法没收、销毁、拆除的情形。这些非正常损失是由纳税人自身原因造成导致征税对象实体的灭失，其损失应由纳税人自行承担。

第二十九条 适用一般计税方法的纳税人，兼营简易计税方法计税项目、免征增值税项目而无法划分不得抵扣的进项税额，按照下列公式计算不得抵扣的进项税额：

不得抵扣的进项税额＝当期无法划分的全部进项税额 ×
（当期简易计税方法计税项目销售额＋
免征增值税项目销售额）÷ 当期全部销售额

主管税务机关可以按照上述公式依据年度数据对不得抵扣的进项税额进行清算。

【解读】本条规定了主管税务机关可以依据年度数据对不得抵扣的进项税额进行清算。

兼营简易计税方法计税项目、免税项目而无法划分的进项税额的划分公式。主要有以下情况。

（1）在纳税人现实生产经营活动中，兼营行为是很常见的，经常出现进项税额不能准确划分的情形。比较典型的就是耗用的水和电力。但同时也有很多进项税额是可以划分清楚用途的，比如：纳税人购进的一些原材料，用途是确定的，所对应的进项税额也就可以准确划分。因此，本条的公式只是对不能准确划分的进项税额进行划分计算的方法，对于能够准确划分的进项税额，直接按照归属进行区分。因此，纳税人全部不得抵扣的进项税额应按照下列公式计算：

纳税人全部不得抵扣的进项税额＝当期可以直接划分的不
得抵扣的进项税额＋当期无法划分的全部进项税额 ×
（当期简易计税方法计税项目销售额＋
免税增值税项目销售额）÷ 当期全部销售额

（2）纳税人计算进项税额转出应按月进行，但由于月度间取得进项税额的不均衡性，有可能会造成按月计算的进项转出数失真，因此，主管税务机关可在年度终了对纳税人进项转出进行清算，对相应差异进行调整。

第三十条 已抵扣进项税额的购进货物（不含固定资产）、劳务、服务，发生本办法第二十七条规定情形（简易计税方法计税项目、免征增值税项目除外）的，应当将该进项税额从当期进项税额中扣减；无法确定该进项税额的，按照当期实际成本计算应扣减的进项税额。

【解读】本条是关于纳税人已抵扣进项税额发生用途改变而需要扣减的规定。理解本条规定应从以下两个方面掌握。

（1）本条规定针对的是已经抵扣进项税额的情况。

（2）由于经营情况复杂，纳税人有时会先抵扣进项税额，然后发生不得抵扣进项税额的情形，例如将购进货物申报抵扣后，又将其分配给本单位员工作为福利。为了保持征、扣税一致，本办法规定了相应的进项税额应当从已申报的进项税额中予以扣减。方法为：

1）对于能够确定的进项税额，直接将该进项税额从当期进项税额中扣减；

2）对于无法确定的进项税额，则统一按照当期实际成本来计算应扣减的进项税额。

第三十一条 已抵扣进项税额的固定资产、无形资产或者不动产，发生本办法第二十七条规定情形的，按照下列公式计算不得抵扣的进项税额：

不得抵扣的进项税额 = 固定资产、无形资产或者不动产净值 × 适用税率

固定资产、无形资产或者不动产净值，是指纳税人根据财务会计制度计提折旧或摊销后的余额。

【案例 4-6】A 企业 2016 年 6 月 31 日购入办公楼一栋，购入时支付不含税价款 1200 万元，取得增值税专用发票（按 5% 开具的增值税专用发票），并且当月按规定抵扣了进项税额 36 万元。

A 企业的会计处理：

借：固定资产　12 000 000

　应交税费——应交增值税（进项税额）　360 000

　应交税费

　——应交增值税（待抵扣进项税额）　240 000

贷：银行存款　12 600 000

【链接】

一、固定资产（不动产）折旧及相关概念

企业应当对所有固定资产计提折旧。

折旧，是指在固定资产使用寿命内，按照确定的方法对应计折旧额进行系统分摊。

应计折旧额，是指应当计提折旧的固定资产的原价扣除其预计净残值后的金额。已计提减值准备的固定资产，还应当扣除已计提的固定资产减值准备累计金额。

预计净残值，是指假定固定资产预计使用寿命已满并处于使用寿命终了时的预期状态，企业从该项资产处置中获得的扣除预计处置费用后的金额。

二、无形资产摊销及相关概念

使用寿命有限的无形资产，其应摊销金额应当在使用寿命内系统合理摊销。使用寿命不确定的无形资产不应摊销。

企业摊销无形资产，应当自无形资产可供使用时起，至不再作为无形资产确认时止。

无形资产的应摊销金额为其成本扣除预计残值后的金额。已计提减值准备的无形资产，还应扣除已计提的无形资产减值准备累计金额。

第三十二条 纳税人适用一般计税方法计税的，因销售折让、中止或者退回而退还给购买方的增值税额，应当从当期的销项税额中扣减；因销售折让、中止或者退回而收回的增值税额，应当从当期的进项税额中扣减。

【解读】本条是对纳税人扣减销项税额和进项税额的规

定。其中涉及已开具的增值税专用发票，如发生销货退回、开票有误、应税行为中止以及发票抵扣联、发票联均无法认证等情形但不符合作废条件，或者因销货部分退回及发生销售折让，需要开具红字专用发票的，必须按国家税务总局公告 2015 年第 19 号规定的方法处理。

增值税专用发票已交付购买方的，购买方可在增值税专用发票系统升级版中填开并上传《开具红字增值税专用发票信息表》（以下统称《信息表》）。《信息表》所对应的蓝字专用发票应经税务机关认证（所购货物或服务等不属于增值税扣税项目范围的除外）。经认证结果为“认证相符”并且已经抵扣增值税进项税额的，购买方在填开《信息表》时不填写相对应的蓝字专用发票信息，应暂依《信息表》所列增值税税额从当期进项税额中转出，未抵扣增值税进项税额的可列入当期进项税额，待取得销售方开具的红字专用发票后，与《信息表》一并作为记账凭证；经认证结果“无法认证”、“纳税人识别号认证不符”、“专用发票代码、号码认证不符”，以及所购货物或服务不属于增值税扣税项目范围的，购买方不列入进项税额，不作为进项税额转出，填开《信息表》时应填写相对应的蓝字专用发票信息。

专用发票尚未交付购买方或者购买方拒收的，销售方应于专用发票认证期限内在增值税发票系统升级版中填开并上传《信息表》。

主管税务机关通过网络接收纳税人上传的《信息表》，

系统自动校验通过后，生成带有“红字发票信息表编号”的《信息表》，并将信息同步至纳税人端系统中。

销售方凭税务机关校验通过的《信息表》开具红字专用发票，在增值税发票系统升级版中以销项负数开具。红字专用发票应与《信息表》一一对应。

纳税人也可凭《信息表》电子信息或纸质资料到税务机关对《信息表》内容进行系统校验。

纳税人需要开具红字增值税普通发票的，可以在所对应的蓝字发票金额范围内开具多份红字发票。红字机动车销售统一发票需与原蓝字机动车销售统一发票一一对应。

【链接】

一、销售折让的账务处理

在通常情况下，销售行为在先，购货方希望售价减让在后，也就是说销售折让发生在销售收入已经确认之后，因此，销售折让发生时的账务处理，《会计准则第14号——收入》第八条是这样规定的：“企业已经确认销售商品收入的售出商品发生销售折让的，应当在发生时冲减当期销售商品收入。销售折让属于资产负债表日后事项的，适用《企业会计准则第29号——资产负债表日后事项》。”

二、增值税发票认证

增值税发票认证是指通过增值税发票税控系统

对增值税发票所包含的数据进行识别、确认。纳税人通过增值税发票税控系统开具发票时，系统会自动将发票上的开票日期、发票号码、发票代码、购买方纳税人识别号、销售方纳税人识别号、金额、税额等要素，经过加密形成防伪电子密文打印在发票上。认证时，税务机关利用扫描仪采集发票上的密文和明文图像，或由纳税人自行采集发票电子信息传送至税务机关，通过认证系统对密文解密还原，再与发票明文进行比对，比对一致则通过认证。

发票认证是税务机关进行纳税申报管理、出口退税审核、发票稽核比对、异常发票核查以及税务稽查的重要依据，在推行"以票控税"、加强税收征管中发挥着重要作用。

三、取消增值税发票认证

2016 年 2 月，国家税务总局印发了《关于纳税信用 A 级纳税人取消增值税发票认证有关问题的公告》(国家税务总局公告 2016 年第 7 号)，对纳税信用 A 级纳税人取消增值税发票认证。

【案例 4-7】某工业企业 2016 年 3 月份会计凭证记载，销售给甲企业一批产品，开具增值税专用发票销售额为 200 000 元，销项税额 34 000 元，货已发出，货款及税款已委托银行托收，企业做如下会计分录：

借：应收账款　　234 000

　贷：产品销售收入　　200 000

　　应交税费——应交增值税（销项税额）　　34 000

4 月份企业以银行转来甲企业部分货款拒付理由书，称"发来的产品因含量不够不能按一级品付款，按二级品付款，让价 15%"，并收到甲企业货款 198 900 元。企业经研究同意甲企业的意见，企业开具红字增值税专用发票销售额 30 000 元，销项税额 5100 元，企业做如下会计分录：

借：银行存款　　198 900

　　产品销售收入　　30 000

　　应交税费——应交增值税（销项税额）　　5100

　贷：应收账款　　234 000

经税务人员检查，企业在没有收到购货方主管税务机关开具的《进货退出及索取折让证明单》的情况下，就擅自开具红字增值税专用发票，抵减产品销售收入 30 000 元，相应地抵减了销项税额 5100 元，违反了增值税的有关规定，应调增销项税额，补缴增值税。

案例分析：

销售折让是指企业在货物销售以后，由于货物质量、品种等不符或其他原因而事后发生的应给予购买方额外的减让。根据《增值税专用发票使用规定》第十二条规定，销售货物并向购买方开具专用发票后，如发生退货或销售折让，应视不同情况分别按以下规定办理：

第一，在发票开具当月，购买方须将原发票联和税款抵扣联主动退还销售方。销售方收到后，应在该发票联和税款抵扣联及有关的存根联、记账联上注明“作废”字样，作为扣减当期销项税额的凭证。未收到购买方退还的专用发票前，销售方不得扣减当期销项税额。属于销售折让的，销售方应按折让后的货款重开专用发票。

第二，在开具发票不符合作废条件的情况下，购买方应向主管税务机关填报《开具红字增值税专用发票申请单》，送交销售方，作为销售方开具红字专用发票的依据。销售方收到证明单后，根据退还货物的数量、价款或折让金额向购买方开具红字专用发票。红字专用发票的记账联作为销售方扣减当期销项税额的凭证，其发票联、税款抵扣联作为购买方扣减当期进项税额的凭证。

第三，购买方收到红字专用发票后，应将红字专用发票所注明的增值税额从当期进项税额中扣减，如不扣减，造成不纳税或少纳税的，属于偷税行为。销售方还应在开具红字专用发票后将该笔业务的相应记账凭证复印件报送主管税务机关备案。

第三十三条 有下列情形之一者，应当按照销售额和增值税税率计算应纳税额，不得抵扣进项税额，也不得使用增值税专用发票：

（一）一般纳税人会计核算不健全，或者不能够提供准确税务资料的。

（二）应当办理一般纳税人资格登记而未办理的。

【解读】为了加强对一般纳税人的管理，防止利用一般纳税人和小规模纳税人的两种不同的征税办法达到少缴税款的情况发生，《试点实施办法》沿用了增值税暂行条例的有关规定：对一般纳税人会计核算不健全，或者不能够提供准确税务资料的，以及应当登记一般纳税人资格而未登记的（如：年销售额超过小规模纳税人标准但未登记一般纳税人资格的），要按销售额依照增值税税率计算应纳税额，不得抵扣进项税额，也不得使用增值税专用发票。

第三十四条 简易计税方法的应纳税额，是指按照销售额和增值税征收率计算的增值税额，不得抵扣进项税额。应纳税额计算公式：

$$应纳税额 = 销售额 \times 征收率$$

【解读】简易计税方法的适用范围有两种情形：一是小规模纳税人销售服务、无形资产或者不动产；二是一般纳税人销售服务、无形资产或者不动产可选择简易计税方法计税的应税行为。

采用简易计税方法，不允许抵扣进项税额。

第三十五条 简易计税方法的销售额不包括其应纳税额，纳税人采用销售额和应纳税额合并定价方法的，按照下列公式计算销售额：

销售额=含税销售额 ÷(1 +征收率)

【解读】本条是关于简易计税方法下如何将含税销售额换算为不含税销售额的规定。与一般计税方法相同，简易计税方法中的销售额也是不含税销售额。

第三十六条 纳税人适用简易计税方法计税的，因销售折让、中止或者退回而退还给购买方的销售额，应当从当期销售额中扣减。扣减当期销售额后仍有余额造成多缴的税款，可以从以后的应纳税额中扣减。

【解读】对小规模纳税人销售服务、无形资产或者不动产并收取价款后，发生服务中止、折让或者退回而退还销售额给购买方时，依照本条规定应将所退的款项扣减当期销售额，如果小规模纳税人已就该项业务委托税务机关为其代开了增值税专用发票的，应按规定申请开具红字专用发票。

【案例 4-8】某小规模纳税人经营的一项应税服务，2015 年 6 月发生一笔销售额为 40 000 元的业务并就此缴纳税额，7 月该业务由于合理原因发生退款（上述销售额为不含税销售额）。

第一种情况：7 月该应税服务销售额为 50 000 元。

在 7 月的销售额中扣除退款 40 000 元，7 月最终的计税销售额为 50000−40000=10000（元），7 月交纳的增值税为 10000×3%=300（元）。

第二种情况：7 月该应税服务销售额为 30 000 元，8 月该应税服务销售额为 50 000 元。

7 月的销售额中扣除退款中的 30 000 元，7 月最终的计税销售额为 30000-30000=0（元），7 月应纳增值税额为 0 元；7 月销售额不足扣减而未能扣减的税款为 10000×3%=300（元），可以从 8 月及以后纳税期间扣减应纳税额。8 月实际缴纳税额为：50000×3%-300=1200（元）。

第三十七条 销售额是指纳税人发生应税行为取得的全部价款和价外费用，财政部和国家税务总局另有规定的除外。

价外费用是指价外收取的各种性质的收费，但不包括以下项目：

（一）代为收取并符合本办法第十条规定的政府性基金或者行政事业性收费。

（二）以委托方名义开具发票代委托方收取的款项。

【解读】本条是关于应税行为销售额的基本规定。理解本条规定应从以下方面掌握。

1. 一般销售方式下的销售额

（1）确认销售额的前提是发生应税行为，未发生应税行为取得的收入不作为销售额，无须缴纳增值税。

（2）销售额是不含税销售额，销售额中不含增值税额本身。含税销售额按照以下公式换算：

销售额＝含税销售额 ÷（1 ＋税率或者征收率）

（3）销售额包括收取的全部价款和价外费用。

关于价外费用的具体范围，在《增值税暂行条例实施细则》中做了较详尽的列举，但是由于纳税人实际业务的复杂性，仍然会存在列举不尽的情况。因此，本条规定只对价外费用进行概括性描述，没有进行逐一列举。同时，本条明确了对代收的符合条件的政府性基金和行政事业性收费，以及以委托方名义开具发票代委托方收取的款项不属于价外费用范畴。

2. 销售额的特殊规定

（1）折扣销售

折扣销售，是指销售方在销售货物或应税劳务、发生应税行为时，因购买方购买数量较大等原因而给予购买方的价格优惠。

在同一张发票“金额”栏注明折扣额的，可按折扣后金额作为销售额。未在“金额”栏注明折扣额的，应该按折扣前金额作为销售额。

（2）发生销售折让、中止或者退回

纳税人发生应税行为因销售折让、中止或者退回的，应扣减当期的销项税额（一般计税方法）或销售额（简易计税方法）。

3. 差额确定销售额

虽然全部行业都纳入增值税的征收范围，但是目前仍然有无法通过抵扣机制避免重复征税的情况，因此引入了差额征税办法，解决纳税人税收负担增加问题。以下属于差额确定销售额的项目：

（1）金融商品转让，按照卖出价扣除买入价后的余额为销售额。

（2）经纪代理服务，以取得的全部价款和价外费用，扣除向委托方收取并代为支付的政府性基金或者行政事业性收费后的余额为销售额。

（3）融资租赁和融资性售后回租业务。

经人民银行、银监会或者商务部批准从事融资租赁业务的试点纳税人，提供融资租赁服务，以取得的全部价款和价外费用，扣除支付的借款利息（包括外汇借款和人民币借款利息）、发行债券利息和车辆购置税后的余额为销售额。

经人民银行、银监会或者商务部批准从事融资租赁业务的试点纳税人，提供融资性售后回租服务，以取得的全部价款和价外费用（不含本金），扣除对外支付的借款利息（包括外汇借款和人民币借款利息）、发行债券利息后的余额作为销售额。

试点纳税人根据2016年4月30日前签订的有形动产融资性售后回租合同，在合同到期前提供的有形动产融资性售后回租服务，可继续按照有形动产融资租赁服务缴纳增值税。

继续按照有形动产融资租赁服务缴纳增值税的试点纳税人，经人民银行、银监会或者商务部批准从事融资租赁业务的，根据 2016 年 4 月 30 日前签订的有形动产融资性售后回租合同，在合同到期前提供的有形动产融资性售后回租服务，可以选择以下方法之一计算销售额。

其一，以向承租方收取的全部价款和价外费用，扣除向承租方收取的价款本金，以及对外支付的借款利息（包括外汇借款和人民币借款利息）、发行债券利息后的余额作为销售额。纳税人提供有形动产融资性售后回租服务，计算当期销售额时可以扣除的价款本金，为书面合同约定的当期应当收取的本金。无书面合同或者书面合同没有约定的，为当期实际收取的本金。试点纳税人提供有形动产融资性售后回租服务，向承租方收取的有形动产价款本金，不得开具增值税专用发票，可以开具普通发票。

其二，以向承租方收取的全部价款和价外费用，扣除支付的借款利息（包括外汇借款和人民币借款利息）、发行债券利息后的余额作为销售额。

航空运输企业的销售额，不包括代收的机场建设费和代售其他航空运输企业客票而代收转付的价款。

试点纳税人中的一般纳税人提供客运场站服务，以其取得的全部价款和价外费用，扣除支付给承运方运费后的余额作为销售额。

试点纳税人提供旅游服务，可以选择以取得的全部价款和价外费用，扣除向旅游服务购买方收取并支付给其他单位或者个人的住宿费、餐饮费、交通费、签证费、门票费和支付给其他接团旅游企业的旅游费用后的余额作为销售额。

选择上述办法计算销售额的试点纳税人，向旅游服务购买方收取并支付的上述费用，不得开具增值税专用发票，可以开具普通发票。

试点纳税人提供建筑服务适用简易计税方法的，以取得的全部价款和价外费用扣除支付的分包款后的余额作为销售额。

房地产开发企业中的一般纳税人销售其开发的房地产项目（选择简易计税方法的房地产老项目除外），以取得的全部价款和价外费用，扣除受让土地时向政府部门支付的土地价款后的余额作为销售额。

一般纳税人销售其 2016 年 4 月 30 日前取得(不含自建）的不动产，可以选择适用简易计税方法，以取得的全部价款和价外费用减去该项不动产购置原价或者取得不动产时的作价后的余额作为销售额。

小规模纳税人销售其取得（不含自建）的不动产（不含个体工商户销售购买的住房和其他个人销售不动产），应以取得的全部价款和价外费用减去该项不动产购置原价或者取得不动产时的作价后的余额作为销售额。

第三十八条 销售额以人民币计算。纳税人按照人民币以外的货币结算销售额的，应当折合成人民币计算，折合率可以选择销售额发生的当天或者当月 1 日的人民币汇率中间价。纳税人应当在事先确定采用何种折合率，确定后 12 个月内不得变更。

【解读】以外币结算的销售额，应当折合为人民币计算。本条规定的两种折合方法属于一种会计政策，所选择的折合率显著影响应纳增值税额。

第三十九条 纳税人兼营销售货物、劳务、服务、无形资产或者不动产，适用不同税率或者征收率的，应当分别核算适用不同税率或者征收率的销售额；未分别核算的，从高适用税率。

【解读】“营改增”后，兼营行为变得更加常见，只要纳税人同时从事多种不同税目税率的增值税业务活动，都可称之为兼营。原“营改增”过程中出现的“混业经营”概念已被彻底废除。

例如，某试点一般纳税人既有不动产销售业务，又有物业管理业务（但不属于混合销售）。如果该纳税人能够分别核算上述两项应税行为的销售额，则销售不动产适用 11% 的增值税税率，物业管理服务适用 6% 的增值税税率；如果该纳税人没有分别核算上述两项应税行为的销售额，则销售不动产和提供物业管理服务均应从高适用 11% 的增值税税率。

第四十条 一项销售行为如果既涉及服务又涉及货物，则称为混合销售。从事货物的生产、批发或者零售的单位和个体工商户的混合销售行为，按照销售货物缴纳增值税；其他单位和个体工商户的混合销售行为，按照销售服务缴纳增值税。

本条所称从事货物的生产、批发或者零售的单位和个体工商户，包括以从事货物的生产、批发或者零售为主，并兼营销售服务的单位和个体工商户在内。

【解读】“营改增”后，混合销售的内涵也发生一定程度的改变。混合销售行为成立的行为标准有两点：一是销售行为既涉及服务又涉及货物，二是购买方是同一个纳税人，且在同一笔销售业务中完成服务与货物的交易，才称之为混合销售。

混合销售适用的税目税率根据纳税人所从事的业务内容的主要方面来决定，凡是从事货物的生产、批发或者零售的单位和个体工商户（包括以从事货物的生产、批发或者零售为主，并兼营销售服务的单位和个体工商户），按照销售货物缴纳增值税；其他单位和个体工商户的混合销售行为，按照销售服务缴纳增值税。例如，生产货物的单位，在销售货物的同时附带运输，其销售货物及提供运输的行为属于混合销售行为，所收取的货物款项及运输费用应一律按照货物销售计算缴纳增值税。

第四十一条 纳税人兼营免税、减税项目的，应当分别核算免税、减税项目的销售额；未分别核算的，不得免税、减税。

【解读】这一条规定是为了使纳税人能够准确核算和反映免税、减税项目的销售额，将分别核算作为纳税人减免税的前置条件。未分别核算销售额的，按照《试点实施办法》的规定，不得享受免税、减税优惠。

第四十二条 纳税人发生应税行为，开具增值税专用发票后，发生开票有误或者销售折让、中止、退回等情形的，应当按照国家税务总局的规定开具红字增值税专用发票；未按照规定开具红字增值税专用发票的，不得按照本办法第三十二条和第三十六条的规定扣减销项税额或者销售额。

【解读】这一条款体现了权利与义务对等的原则。从销售方的角度看，发生退款时，计算征收增值税的销售额减少，因此可以扣减自己的销项税额，减少纳税义务。而从购买方角度看，发生退款时对方应纳增值税减少，相应要扣减自己的进项税额，从而合理保证国家税款能够足额征收。

第四十三条 纳税人发生应税行为，将价款和折扣额在同一张发票上分别注明的，以折扣后的价款为销售额；未在同一张发票上分别注明的，以价款为销售额，不得扣减折扣额。

【解读】例如，纳税人提供应税服务的价款为 120 元、折扣额为 20 元，如果将价款和折扣额在同一张发票上的“金额”栏分别注明，以折扣后的价款作为销售额征收增值税。未在同一张发票上的“金额”栏注明折扣额，而仅在发票的“备注”栏注明折扣额的，折扣额不得从价款中减除。

第四十四条 纳税人发生应税行为价格明显偏低或者偏高且不具有合理商业目的的，或者发生本办法第十四条所列行为而无销售额的，主管税务机关有权按照下列顺序确定销售额。

（一）按照纳税人最近时期销售同类服务、无形资产或者不动产的平均价格确定。

（二）按照其他纳税人最近时期销售同类服务、无形资产或者不动产的平均价格确定。

（三）按照组成计税价格确定。组成计税价格的公式为：

组成计税价格 = 成本 ×（1 + 成本利润率）

成本利润率由国家税务总局确定。

不具有合理商业目的，是指以谋取税收利益为主要目的，通过人为安排，减少、免除、推迟缴纳增值税税款，或者增加退还增值税税款。

【解读】

“不具有合理商业目的”的安排是指违背立法意图，且主要目的在于获得包括减少、免除、推迟缴纳税款或者税法规定的其他支付款项，或者增加返还、退税收入或者税法规定的其他收入款项等税收利益的人为规划的一个或者一系列行动或者交易，包括任何明确或者隐含的、实际执行或者意图执行的合同、协议、计划、谅解、承诺或者保证等，以及根据它们而付诸实施的所有行动和交易。

除纳税人发生应税行为价格明显偏低或者偏高且不具有合理商业目的的，纳税人发生视同发生应税行为情形的，主管税务机关也有权按照下列顺序确定销售额：

（1）按照纳税人最近时期销售同类应税行为的平均价格确定。

（2）按照其他纳税人最近时期销售同类应税行为的平均价格确定。

（3）按照组成计税价格确定。组成计税价格的公式为：

组成计税价格 = 成本 ×（1 ＋成本利润率）

【案例 4-9】A 公司是一家生产汽车配件的企业，全国各地的很多汽车维修站均在使用、销售该公司配件。2015 年 2 月，A 公司将购进的 1 批配件作为实物奖励无偿赠送给北京、沈阳、哈尔滨等地的各个维修站，配件的不含税金额为 2 000 000 元，取得增值税专用发票。该公司上述业务账务处理如下：

A 公司的会计处理：

在购进配件时：

借：库存商品　　2 000 000

　　应交税费——应交增值税（进项税额）　　340 000

　贷：应付账款　　2 340 000

在将配件对外赠送时应当确认收入、计提销项，并同时结转该配件的成本：

借：销售费用　　2 340 000

　贷：主营业务收入　　2 000 000

　　　应交税费——应交增值税（销项税额）　　340 000

借：主营业务成本　　2 000 000

　贷：库存商品　　2 000 000

将自产、委托加工或购进的货物无偿提供给其他单位或个人，属于视同销售，要确认销项税额。

第五章 纳税义务、扣缴义务发生时间和纳税地点

第四十五条 增值税纳税义务、扣缴义务发生时间如下。

（一）纳税人发生应税行为并收讫销售款项或者取得索取销售款项凭据的当天；先开具发票的，为开具发票的当天。

收讫销售款项，是指纳税人销售服务、无形资产、不动产过程中或者完成后收到款项。

取得索取销售款项凭据的当天，是指书面合同确定的付款日期；未签订书面合同或者书面合同未确定付款日期的，为服务、无形资产转让完成的当天或者不动产权属变更的当天。

（二）纳税人提供建筑服务、租赁服务采取预收款方式的，其纳税义务发生时间为收到预收款的当天。

（三）纳税人从事金融商品转让的，为金融商品所有权转移的当天。

（四）纳税人发生本办法第十四条规定情形的，其纳税义务发生时间为服务、无形资产转让完成的当天或者不动产

权属变更的当天。

（五）增值税扣缴义务发生时间为纳税人增值税纳税义务发生的当天。

【解读】本条是关于纳税义务发生时间确认原则的规定。理解本条规定应从以下四个方面掌握。

1. 如何理解“先开具发票的，纳税义务发生时间为开具发票的当天”

纳税人发生应税行为，由于增值税实行凭专用发票抵扣税款的办法，购买方在取得销售方开具的专用发票后，即使尚未向提供方支付相关款项，仍然可以按照有关规定凭专用发票抵扣进项税额。因此，如果再以收讫销售款项或者取得索取销售款项凭据的当天作为销售方的纳税义务发生时间，就会造成增值税的征收与抵扣相脱节，即销售方尚未申报纳税，购买方已经提前抵扣了税款。此外，为使纳税人开具增值税普通发票与专用发票的征税原则保持一致。本条规定：如果纳税人发生应税行为时先开具发票的，纳税义务发生时间为开具发票的当天。

需要注意的是，以开具发票的当天为纳税义务发生时间的前提，是纳税人发生应税行为。

2. 如何理解“收讫销售款项，是指纳税人发生应税行为过程中或者完成后收到款项”

（1）按照收讫销售款项确认应税行为纳税义务发生时间的，应以发生应税行为为前提；

（2）收讫销售款项，是指在应税行为发生后收到的款项，包括在应税行为发生过程中或者完成后收取的款项；

（3）除了提供建筑服务、租赁服务采取预收款方式外，在发生应税行为之前收到的款项不属于收讫销售款项，不能按照该时间确认纳税义务发生。

3. 如何理解“取得索取销售款项凭据的当天”

取得索取销售款项凭据的当天，是指书面合同确定的付款日期的当天；未签订书面合同或者书面合同未确定付款日期的，为应税行为完成的当天。

取得索取销售款项凭据的当天按照如下顺序掌握：

（1）签订了书面合同且书面合同确定了付款日期的，按照书面合同确定的付款日期的当天确认纳税义务发生；

（2）未签订书面合同或者书面合同未确定付款日期的，按照应税行为完成的当天确认纳税义务发生。

4. 纳税义务发生时间中的特殊规定

（1）采取预收款方式提供建筑服务、租赁服务。纳税人提供建筑服务、租赁服务采取预收款方式的，其纳税义务发生时间为收到预收款的当天。如何理解这句话？纳税人提供建筑服务和租赁服务与提供其他应税服务的处理原则有所不同，如果纳税人采取预收款方式的，以收到预收款的当天作为纳税义务发生时间。

【案例 5-1】某试点纳税人为小规模纳税人，2016 年 8 月出租一辆小轿车，租金 5000 元 / 月，一次性预收了对方两年的租金共 120 000 元。假设该租金收入均为不含税，该企业会计处理如下：

借：银行存款　　123 600

　贷：其他业务收入——租赁收入　　60 000

　　预收账款——预收租金　　60 000

　　应交税费——应交增值税　　3 600

纳税人提供建筑服务、租赁服务采取预收款方式的，其纳税义务发生时间为收到预收款的当天。则应在收到 120 000 元租金的当天确认纳税义务发生，并按 60 000 元确认收入，但是要按 120 000 元计算缴纳增值税，而不能按月分摊确认收入计算缴纳增值税。

（2）纳税人从事金融商品转让，纳税义务发生时间为金融商品所有权转移的当天。

（3）视同发生应税行为的纳税义务发生时间。纳税人发生《试点实施办法》第十四条视同发生应税行为的，其纳税义务发生时间为应税行为完成的当天。

《营业税改征增值税试点实施办法》第十四条规定：除以公益活动为目的或者以社会公众为对象外，向其他单位或者个人无偿提供服务，以及向其他单位或者个人无偿转让无形资产或者不动产，应视同发生应税行为缴纳增值税。由于无偿提供应税服务、无偿转让无形资产或者不动产不存在收讫销售款项或者取得索取销售款项凭据的情况，因此，将其纳税义务发生时间确定为应税行为完成的当天。

第四十六条 增值税纳税地点如下。

（一）固定业户应当向其机构所在地或者居住地主管税务机关申报纳税。总机构和分支机构不在同一县（市）的，应当分别向各自所在地的主管税务机关申报纳税；经财政部和国家税务总局或者其授权的财政和税务机关批准，可以由总机构汇总向总机构所在地的主管税务机关申报纳税。

（二）非固定业户应当向应税行为发生地主管税务机关申报纳税；未申报纳税的，由其机构所在地或者居住地主管税务机关补征税款。

（三）其他个人提供建筑服务，销售或者租赁不动产，转让自然资源使用权，应向建筑服务发生地、不动产所在地、自然资源所在地主管税务机关申报纳税。

（四）扣缴义务人应当向其机构所在地或者居住地主管税务机关申报缴纳扣缴的税款。

【解读】本条明确了固定业户、非固定业户、其他个人以及扣缴义务人的纳税地点问题。

（1）固定业户应当向其机构所在地或者居住地主管税务机关申报纳税。

根据税收属地管辖原则，固定业户应当向其机构所在地的主管税务机关申报纳税，这是一般性规定。这里的机构所在地是指纳税人的注册登记地。如果固定业户设有分支机构，且不在同一县（市）的，应当分别向各自所在地的主管税务机关申报纳税。经财政部和国家税务总局或者其授权的财政和税务机关批准，可以由总机构汇总向总机构所在地的主管税务机关申报纳税。具体审批权限如下。

1）总机构和分支机构不在同一省、自治区、直辖市的，经财政部和国家税务总局批准，可以由总机构汇总向总机构所在地的主管税务机关申报纳税。

2）总机构和分支机构不在同一县（市），但在同一省、自治区、直辖市范围内的，经省、自治区、直辖市财政厅（局）、国家税务局审批同意，可以由总机构汇总向总机构所在地的主管税务机关申报纳税。

（2）非固定业户应当向应税行为发生地的主管税务机关申报纳税；未申报纳税的，由其机构所在地或者居住地的主管税务机关补征税款。

（3）其他个人提供建筑服务，销售或者租赁不动产，转让自然资源使用权，应向建筑服务发生地、不动产所在地、自然资源所在地税务机关申报纳税。这样的做法既维持各地原来的财政收入不变，也保证征管质量，促进各地税务机关征管积极性。

（4）为促使扣缴义务人履行扣缴义务，同时方便其申报缴纳所扣缴税款，本条规定扣缴义务人向其机构所在地或者居住地的主管税务机关申报缴纳其扣缴的税款。

第四十七条 增值税的纳税期限分别为1日、3日、5日、10日、15日、1个月或者1个季度。纳税人的具体纳税期限，由主管税务机关根据纳税人应纳税额的大小分别核定。

以 1 个季度为纳税期限的规定适用于小规模纳税人、银行、财务公司、信托投资公司、信用社，以及财政部和国家税务总局规定的其他纳税人。不能按照固定期限纳税的，可以按次纳税。

纳税人以 1 个月或者 1 个季度为 1 个纳税期的，自期满之日起 15 日内申报纳税；以 1 日、3 日、5 日、10 日或者 15 日为 1 个纳税期的，自期满之日起 5 日内预缴税款，于次月 1 日起 15 日内申报纳税并结清上月应纳税款。扣缴义务人解缴税款的期限，按照前两款规定执行。

【解读】本条新增了银行、财务公司、信托投资公司、信用社以 1 个季度为 1 个纳税期的规定。需要注意的是,《国家税务总局关于合理简并纳税人申报缴税次数的公告》（国家税务总局公告 2016 年第 6 号）规定，自 4 月 1 日起，增值税小规模纳税人原则上实行按季申报缴纳增值税。

第六章　税收减免的处理

第四十八条 纳税人发生应税行为适用免税、减税规定的，可以放弃免税、减税，依照本办法的规定缴纳增值税。放弃免税、减税后，36个月内不得再申请免税、减税。

纳税人发生应税行为同时适用免税和零税率规定的，纳税人可以选择适用免税或者零税率。

【解读】现行的增值税税收优惠主要包括：直接免税、减征税款、即征即退（税务机关负责退税）、先征后返（财政部门负责退税）等形式。销售服务、无形资产或者不动产由营业税改征增值税后，为实现试点纳税人原享受的营业税优惠政策平稳过渡，《营业税改征增值税试点过渡政策的规定》明确了在试点期间试点纳税人可以享受的有关增值税优惠政策。

理解本条规定需要注意以下几个方面。

（1）放弃免税权的增值税一般纳税人发生应税行为可以开具增值税专用发票。

（2）纳税人一经放弃免税权，其所发生的全部应税行为均应按照适用税率征税，不得选择某一免税项目放弃免税权，也不得根据不同的对象选择部分应税行为放弃免税权。

（3）纳税人在免税期内购进用于免税项目的货物、加工修理修配劳务或者应税行为所取得的增值税扣税凭证，一律不得抵扣。

（4）纳税人发生适用零税率的应税行为，应当按期向主管税务机关申报办理退（免）税，具体办法由财政部和国家税务总局制定。

（5）在满足《试点实施办法》规定的纳税义务发生时间的有关规定以及国家对应税行为出口设定的有关条件后，免征其出口应税行为的增值税，对实际承担的增值税进项税额，抵减应纳税额，未抵减完的部分予以退还。具体免抵退税额计算按照《关于发布〈营业税改征增值税试点地区适用增值税零税率应税服务免抵退税管理办法（暂行）〉的公告》（国家税务总局〔2012〕13 号公告）等文件执行。

第四十九条 个人发生应税行为的销售额未达到增值税起征点的，免征增值税；达到起征点的，全额计算缴纳增值税。

增值税起征点不适用于登记为一般纳税人的个体工商户。

【解读】理解增值税起征点的规定应从以下三个方面掌握。

1. 适用范围

增值税起征点仅适用于《试点实施办法》规定的个人，包括：个体工商户和其他个人，但不适用于认定为一般纳税人的个体工商户。即增值税起征点仅适用于按照小规模纳税人纳税的个体工商户和其他个人。

2. 销售额的确定

增值税起征点所称的销售额是指纳税人销售服务、无形资产或者不动产的销售额（不包括销售货物和提供加工修理修配劳务的销售额），销售额不包括其应纳税额，采用销售额和应纳税额合并定价方法的，按照下列公式计算销售额：

销售额＝含税销售额 ÷（1 ＋征收率）

3. 达到增值税起征点的征税规定

纳税人达到增值税起征点的，应全额计算缴纳增值税，不应仅就超过增值税起征点的部分计算缴纳增值税。

【案例 6-1】纳税人提供应税服务的起征点为 20 000 元，某个体工商户（小规模纳税人）本月取得交通运输服务收入 20 000 元（含税），该个体工商户本月应缴纳多少增值税？

因为提供应税服务的起征点为 20 000 元，该个体工商户本月交通运输服务不含税收入为 20000÷（1 ＋ 3%）=19417.48（元）。交通运输服务取得的收入未达到起征点，因此对该部分收入无须缴纳增值税。

第五十条 增值税起征点幅度如下：

（一）按期纳税的，为月销售额 5000 ～ 20 000 元（含本数）。

（二）按次纳税的，为每次（日）销售额 300 ～ 500 元

（含本数）。

起征点的调整由财政部和国家税务总局规定。省、自治区、直辖市财政厅（局）和国家税务局应当在规定的幅度内，根据实际情况确定本地区适用的起征点，并报财政部和国家税务总局备案。

对增值税小规模纳税人中月销售额未达到2万元的企业或非企业性单位，免征增值税。2017年12月31日前，对月销售额2万元（含本数）至3万元的增值税小规模纳税人，免征增值税。

【解读】本条是关于增值税起征点的具体规定。不同地区的执行标准可能会有所差异。

第七章　征收管理

第五十一条 营业税改征的增值税，由国家税务局负责征收。纳税人销售取得的不动产和其他个人出租不动产的增值税，国家税务局暂委托地方税务局代为征收。

【解读】营业税改征增值税之前，纳税人销售服务、无形资产或者不动产属于征收营业税的范围，由地方税务局负责征收。《试点实施办法》中明确：销售服务、无形资产或者不动产由营业税改征的增值税，由国家税务局负责征收。即纳税人销售服务、无形资产或者不动产不再向主管地方税务局申报缴纳营业税，应向主管国家税务局申报缴纳增值税，但是，对于纳税人销售不动产和其他个人出租不动产的增值税，暂委托地方税务局代为征收。

第五十二条 纳税人发生适用零税率的应税行为，应当按期向主管税务机关申报办理退（免）税，具体办法由财政部和国家税务总局制定。

【解读】本条是对试点纳税人发生适用零税率应税行为的规定。在满足《试点实施办法》规定的纳税义务发生时间的有关规定以及国家对应税行为出口设定的有关条件后，免征其出口应税行为的增值税，对实际承担的增值税进项税额，抵减应纳税额，未抵减完的部分予以退还。退免税具体操作按照国家税务总局有关规定执行。

第五十三条 纳税人发生应税行为，应当向索取增值税专用发票的购买方开具增值税专用发票，并在增值税专用发票上分别注明销售额和销项税额。

属于下列情形之一的，不得开具增值税专用发票：

（一）向消费者个人销售服务、无形资产或者不动产。

（二）适用免征增值税规定的应税行为。

【解读】

本条明确了纳税人销售服务、无形资产或者不动产开具增值税专业发票的相关规定。

增值税专用发票，是购买方支付增值税额并可按照增值税有关规定据以抵扣进项税额的凭证，纳税人发生应税行为，应当向索取增值税专用发票的购买方开具增值税专用发票，并在增值税专用发票上分别注明销售额和销项税额。但是，有如下两种情况之一的，纳税人不得开具增值税专用发票。

1. 向消费者个人销售服务、无形资产或者不动产

消费者个人是应税行为的最终消费者，也是增值税税款的最终负担者，无须取得增值税专用发票据以抵扣进项税额。因此，纳税人向消费者个人销售服务、无形资产或者不动产不得开具增值税专用发票，只能开具增值税普通发票。

2. 适用免征增值税规定的应税行为

纳税人销售服务、无形资产或者不动产适用免征增值

税规定的，在该环节不缴纳增值税，不存在将本环节已缴纳增值税税款传递给下一环节纳税人抵扣的问题。因此，纳税人销售服务、无形资产或者不动产适用免征增值税规定的，也不得开具增值税专用发票，只能开具增值税普通发票。

第五十四条 小规模纳税人发生应税行为，购买方索取增值税专用发票的，可以向主管税务机关申请代开。

【解读】由于增值税小规模纳税人不能自行开具增值税专用发票，其销售服务、无形资产或者不动产，如果购买方索取增值税专用发票的，可以向主管税务机关申请代开增值税专用发票。但是,对小规模纳税人向消费者个人销售服务、无形资产或者不动产以及应税行为适用免征增值税规定的，不得申请代开增值税专用发票。

第五十五条 纳税人增值税的征收管理，按照本办法和《中华人民共和国税收征收管理法》及现行增值税征收管理有关规定执行。

【解读】本条明确了试点纳税人增值税的征收管理，按照《试点实施办法》和《中华人民共和国税收征收管理法》及现行增值税征收管理有关规定执行。其中，现行增值税征收管理有关规定，不仅包括《试点实施办法》的相关配套增值税规定，也应当包括《试点实施办法》颁布实施以前已经下发且现行有效的增值税政策。

第二篇

无形资产“营改增”案例解析与税务处理

第八章　销售无形资产税制及案例解析

本次“营改增”的应税项目大多可以被称为某一项目或某一行业，然而我们一般不会将销售无形资产称为一个行业。现实生活中将销售无形资产作为主营业务的企业相对较为罕见。

销售无形资产，是指转让无形资产所有权或者使用权的业务活动。“营改增”后，与（有偿）销售相对应的是无偿转让。

“营改增”初期，财税〔2013〕37号就已将转让专利、非专利技术的所有权或使用权、商标和著作权等行为纳入“部分现代服务业”之中，按照6%的税率征收增值税。本次将该部分应税服务重新归入“销售无形资产”这一税目中，这使得税收回归到了经济活动的本质，减轻了税法的繁杂性。

此外，本次“营改增”政策在国税发〔1993〕149号文件中《营业税税目注释》的“无形资产”概念基础上，将更多无实物形态的资产纳入无形资产所辖范围之内，无形资产概念的更新与扩充也是“营改增”新政的一大亮点。此举澄清了征纳双方对无形资产认知模糊的问题，有效地减少了双方的分歧及矛盾，可减少国家税收流失。

对于大部分无形资产销售行为，“营改增”意味着与研发无形资产成本相对应的增值税可以作为进项税额抵扣，这在一定程度上降低了流转税负担。

一、销售无形资产税制分析

（一）纳税人和扣缴义务人

转让无形资产的纳税人，为在我国境内转让无形资产的单位和个人。

凡转让无形资产的接受单位或者个人在境内的，不论转让者是境内或是境外的机构和个人，均负有纳税义务。因此，在我国境内转让无形资产的境外机构或个人也是增值税的纳税人。

除财政部和国家税务总局另有规定外，中华人民共和国境外单位或者个人在境内发生应税行为，在境内未设有经营机构的，以购买方为增值税扣缴义务人。

（二）应税服务范围及税率

财税〔2016〕36 号文规定，自 2016 年 5 月 1 日起对在中国境内销售无形资产的行为征收增值税。“在中国境内销售”指所销售自然资源使用权的自然资源在境内、除自然资源使用权外的其他无形资产的销售方或者购买方在境内。境外单位或者个人向境内单位或者个人销售完全在境外使用的无形资产不在征税范围之内。销售无形资产税目税率一览表如表 8-1 所示。

表 8-1　销售无形资产税目税率一览表

<table>
<tr><th>纳税人性质</th><th>应税行为</th><th>范围</th><th>解读</th><th>税率（征收率）</th></tr>
<tr><td>小规模纳税人</td><td>销售无形资产</td><td></td><td></td><td>3%</td></tr>
<tr><td rowspan="7">一般纳税人</td><td rowspan="7">销售无形资产</td><td>自然资源使用权</td><td>包括海域使用权、探矿权、采矿权、取水权和其他自然资源使用权</td><td>6%</td></tr>
<tr><td>土地使用权</td><td>属于自然资源使用权的范围，但税率特殊
政府将土地使用权出让给个人或单位时，不征收增值税，与此同时个人和单位可以获得财政监制发票</td><td>11%</td></tr>
<tr><td>技术</td><td>包括专利技术和非专利技术</td><td rowspan="5">6%</td></tr>
<tr><td>商标</td><td></td></tr>
<tr><td>著作权</td><td></td></tr>
<tr><td>商誉</td><td></td></tr>
<tr><td>其他权益性无形资产</td><td>包括基础设施资产经营权、公共事业特许权、配额、经营权（包括特许经营权、连锁经营权、其他经营权）、经销权、分销权、代理权、会员权、席位权、网络游戏虚拟道具、域名、名称权、肖像权、冠名权、转会费等</td></tr>
</table>

“营改增”在收官之时，对无形资产的外延做出了与时俱进的更新充实，不仅解决了长期悬而未决的税收政策难题，拓宽了税基，也进一步完善了增值税抵扣链条。

自然资源使用权包括土地使用权，如果纳税人销售土地使用权，需要按照“销售无形资产——土地使用权”缴纳增值税；如果纳税人出租土地使用权，根据《关于进一步明确全面推开“营改增”试点有关劳务派遣服务、收费公路通行费抵扣等政策的通知》（财税〔2016〕47号）第三条第二项“纳税人以经营租赁方式将土地出租给他人使用，按照不动产经营租赁服务缴纳增值税”。

知识链接

A公司与B公司订立以下协议：拟从2016年10月1日起由该公司承接原B公司30家加盟门店（以下简称“加盟店”），具体条款为：

（1）加盟店与B公司签订的原加盟合同取消，重新与A公司签订加盟合同，并改换门头招牌为A公司的品牌；

（2）加盟店原由B公司配供产品，全部改由A公司配供；

（3）A公司支付B公司200万元作为对价；

（4）B公司注销。

请问此项协议B公司的行为是否属于增值税应税

范围，应适用哪个税目？

答：B公司的行为属于《营业税改征增值税试点实施办法》附件《销售服务、无形资产、不动产注释》第二条“销售无形资产——其他权益性无形资产”，适用税率为6%。

境内的单位和个人提供适用增值税零税率的无形资产，如果属于适用简易计税方法的，实行免征增值税办法。如果属于适用增值税一般计税方法的，外贸企业外购无形资产出口实行免退税办法，外贸企业直接将服务或自行研发的无形资产出口，视同生产企业连同其出口货物统一实行免抵退税办法。

土地使用权是中国土地使用制度在法律上的体现，国有土地使用权是指国有土地的使用人依法利用土地并取得收益的权利。国有土地使用权的取得方式有划拨、出让、出租、入股等，而农民集体土地使用权是指农民集体土地的使用人依法利用土地并取得收益的权利。

财税〔2016〕36号文也明确了单位或者个人向其他单位或者个人无偿转让无形资产的行为视同销售无形资产，但用于公益事业或者以社会公众为对象的除外。

（三）应纳税额的计算

1. 一般纳税人应纳税额的计算

销售无形资产的销项税额一般以其销售额为基础进行计

算。销售额是指纳税人销售无形资产时，从购买方收取的全部价款和一切价外费用。因为向购买方收取的销项税额属于价外税，所以增值税销售额中不包括向购买方收取的销项税额。

土地使用权是无形资产中较为特殊的一类，不仅因其税率不同于其他项目，而且土地使用权可以进行再转让。征收营业税时期，“单位和个人转让购置、受让或抵债所得的土地使用权，余额计税”;“营改增”后，从政府部门获得土地使用权时支付的土地价款在计算转让土地使用权的销售额时可以全额扣除，其实质也是差额征税。但不同的是营业税税率为5%，而增值税税率为11%。

2. 小规模纳税人应纳税额的计算

因小规模纳税人的计税方法与一般纳税人的应税项目无异，此处不再展开介绍。

3. 兼营时应纳税额的计算

适用一般计税方法的纳税人，兼营简易计税方法计税项目、免征增值税项目而无法划分不得抵扣的进项税额，按照下列公式计算不得抵扣的进项税额：

不得抵扣的进项税额＝当期无法划分的全部进项税额 ×（当期简易计税方法计税项目销售额＋免征增值税项目销售额）÷ 当期全部销售额

主管税务机关可以按照上述公式依据年度数据，对不得抵扣的进项税额进行清算。

（四）税收征管

1. 纳税义务、扣缴义务发生时间

增值税纳税义务、扣缴义务发生时间为纳税人发生应税行为并收讫销售款项或者取得索取销售款项凭据的当天；先开具发票的，为开具发票的当天。

收讫销售款项，是指纳税人销售服务、无形资产、不动产过程中或者完成后收到款项。

取得索取销售款项凭据的当天，是指书面合同确定的付款日期；未签订书面合同或者书面合同未确定付款日期的，为服务、无形资产转让完成的当天或者不动产权属变更的当天。

单位或者个人向其他单位或者个人无偿转让无形资产，其纳税义务发生时间为无形资产转让完成的当天或者无形资产权属变更的当天。

2. 纳税地点

销售无形资产的主体通常为固定业户。固定业户销售无形资产应当向其机构所在地或者居住地主管税务机关申报纳税。总机构和分支机构不在同一县（市）的，应当分别向各自所在地的主管税务机关申报纳税；经财政部和国家税务总局或者其授权的财政和税务机关批准，可以由总机构汇总向总机构所在地的主管税务机关申报纳税。

其他个人转让自然资源使用权应向自然资源所在地主管税务机关申报纳税。

（五）税收优惠

1. 免征增值税的项目

（1）涉及家庭财产分割的个人无偿转让不动产、土地使用权。

家庭财产分割，包括下列情形：离婚财产分割；无偿赠与配偶、父母、子女、祖父母、外祖父母、孙子女、外孙子女、兄弟姐妹；无偿赠予对其承担直接抚养或者赡养义务的抚养人或者赡养人；房屋产权所有人死亡，法定继承人、遗嘱继承人或者受遗赠人依法取得房屋产权。

（2）将土地使用权转让给农业生产者用于农业生产。

（3）土地所有者出让土地使用权和土地使用者将土地使用权归还给土地所有者。

（4）县级以上地方人民政府或自然资源行政主管部门出让、转让或收回自然资源使用权（不含土地使用权）。

2. 不征收增值税的项目

在资产重组过程中，通过合并、分立、出售、置换等方式，将全部或者部分实物资产及与其相关联的债权、负债和劳动力一并转让给其他单位和个人，其中涉及的土地使用权转让行为。

二、销售无形资产纳税案例解析

（一）转让土地使用权应纳税额的计算

【案例 8-1】A 公司于 2015 年 10 月获得了一块土地的

使用权，获得的财政部门监制收据上注明土地价款为500万元。2016年8月，A公司以550万元的价格将土地的使用权转让给M公司，同时开具增值税专用发票。

不难计算出，A公司转让土地使用权的行为需要缴纳增值税(550−500)×11%=5.5（万元）。而如果该转让行为发生在2016年4月，则A公司只需缴纳营业税（550−500）×5%=2.5（万元）。就该项经济业务而言，“营改增”后A公司的税负有所增加。

“营改增”后，相关会计分录也要进行相应调整，本例的具体会计分录如下：

借：银行存款　　5 555 000

　贷：无形资产　　5 000 000

　　其他业务收入　　500 000

　　应交税费——应交增值税（销项税额）　　55 000

案例分析：

著作权、经销权、商标权等无形资产不可二次转让，其成本多为研发时的支出。当销售无形资产不属于增值税应税范围时，相关的增值税成本也不得作为进项抵扣。“营改增”后，销售无形资产税率从营业税时期的5%提升到了6%，但相关成本的增值税可以作为进项抵扣，而小规模纳税人则可享受3%征收率，所以说“营改增”后这些转让行为的税负一般不会增加。

无形资产所有权的转让也是“销售无形资产”的一种

表现形式，按实际取得的转让收入借记“银行存款”等科目，按该无形资产已计提的减值准备借记“无形资产减值准备”科目，按无形资产的账面余额贷记“无形资产”科目，按应支付的相关税费贷记“应交税费”等科目，按其差额贷记或借记“营业外收入——出售无形资产收益”或“营业外支出——出售无形资产损失”科目。

但是，无形资产使用权转让时出让方保留了对该项无形资产的所有权，仅将部分使用权让渡给其他单位或个人，则受让方只能在合同规定的范围内合理使用，无权转让。转让取得的收入计入“其他业务收入”，发生与转让有关的各种费用支出计入“其他业务支出”，不能注销无形资产的摊余价值。

（二）转让其他无形资产[①] 应纳税额的计算

【案例 8-2】A 公司研发了某项专利技术，形成一项无形资产，无形资产账面原值为 200 万元。其中研发过程中采购物资设备、外聘技术服务等共产生增值税税款 10 万元。2016 年 5 月 1 日，A 公司将该项专利技术所有权转让给 N 公司，售价（不含税）为 600 万元。

不难计算出，A 公司转让专利技术使用权产生的增值税销项为 600×6%=36（万元），应纳增值税额为 36-10=26（万元）。

① 此处意为转让土地使用权之外的销售无形资产的情形。

若A公司在2016年4月30日转让该项专利技术使用权，则其需缴纳营业税600×5%=30（万元）。整体而言，企业该项经济活动的流转税税负有所降低。

若本例中采购物资设备、外聘技术服务等共产生增值税税款为5万元，则：

A公司转让专利技术使用权产生的的增值税销项为600×6%=36（万元），应纳增值税额为36−5=31（万元）。

如此一来，“营改增”反倒提高了企业该项经济活动的流转税税负。

案例分析：

本轮“营改增”是系统而全面的改革，能为企业带来了更多的进项抵扣空间。但是企业能否实现减税取决于所销售的无形资产的增值率、无形资产研发的成本构成等要素。

第九章 销售无形资产的税务风险提示

企业的税务风险主要包括两个方面：一是企业的纳税行为不符合税收法律法规的规定，造成应纳税而未纳税、少纳税，从而面临补税、罚款、加收滞纳金、刑罚处罚以及声誉损害等风险；二是企业经营行为适用税法不准确，没有用足有关优惠政策，多缴纳了税款，承担了不必要的税收负担。

一、发票管理风险

增值税专用发票与普通发票有很大的区别，正确开票是"营改增"纳税人的首要任务。应该注意的是，增值税专用发票并不能开具给每一个购买无形资产的单位和个人。《营业税改征增值税试点实施办法》规定向个人消费者销售无形资产及处理免征增值税应税行为时不得开具增值税专用发票。

增值税应纳税额的金额不仅取决于销项税额，也很大程度受进项税额及时抵扣的影响。进项发票的抵扣作用对每个纳税人而言，意味着应缴纳增值税税额的减少，当然，这必须基于纳税人将增值税专用发票妥善保管并及时认证抵扣的前提。

增值税专用发票在妥善保存的同时也要及时认证方能

进行抵扣。增值税一般纳税人，在收到增值税专用发票后，须在发票开具日期180日以内进行认证方能抵扣进项税额。当期抵扣不完的，可以留抵，留抵税额没有期限规定，只要企业持续经营，就能在以后各期抵扣；如果企业清算、注销，则要将没有抵扣完的留抵税额做进项税额转出。

另外也要注意，一些原本不可抵扣进项税额的资产在一定条件下可以进行进项税额抵扣，忽视这些会使企业失去本该享有的进项税额抵扣，为企业带来额外的税收负担。不得抵扣且未抵扣进项税额的固定资产、无形资产、不动产，发生用途改变，用于允许抵扣进项税额的应税项目，可在用途改变的次月按照下列公式计算可以抵扣的进项税额：

可以抵扣的进项税额＝固定资产、无形资产、不动产净值/(1＋适用税率）×适用税率

二、税收优惠理解不当的风险

销售无形资产有很多相关的税收优惠政策。如以家庭土地使用权分割为例，政策原文规定：“家庭财产分割中免征增值税的优惠，包括下列情形：离婚财产分割；无偿赠予配偶、父母、子女、祖父母、外祖父母、孙子女、外孙子女、兄弟姐妹；无偿赠予对其承担直接抚养或者赡养义务的抚养人或者赡养人；房屋产权所有人死亡，法定继承人、遗嘱继承人或者受遗赠人依法取得房屋产权。”据此，如果居民甲因工作原因长期定居于市区，将自己所有的土地使用权无偿

赠予自己的表哥乙，则这一赠予过程并非是免税的。

对税收优惠政策的使用需要仔细揣摩相关政策规定中的每一项具体规定，如果不符合规定而享受了有关税收优惠将造成企业逃避税收的责任并面临补税、罚款、加收滞纳金、刑事处罚以及声誉损害等风险。

无形资产净值

固定资产、无形资产或者不动产净值，是指纳税人根据财务会计制度计提折旧或摊销后的余额。

三、宏观环境诱发的风险

销售无形资产中的自然资源使用权和土地使用权转让业务属于新纳入“营改增”范围的经济活动，其税收相关政策并不成熟。政策必然会根据实施的实际效果进行调整优化，因此，今后相关的补充说明是可期的。这对纳税人而言也是一项持续不断的考验，需要及时关注行业税收政策变化才能让自己的纳税行为与法律规定相匹配，防止自身税务风险的产生。

四、企业税务人员素质导致的风险

不管是上面提到的发票管理抑或是政策研究，都有赖于企业相关税务人员、财务人员的专业素质。如果办税人员业务能力不足，缺乏对税收法律法规的全面认识，就极有可能导致纳税人的纳税行为没有按照有关税收规定操作。抑或是在表面上、局部上符合规定，但在实质上、整体上却违背了税收立法的精神，造成事实上的偷税、逃税，给企业带来税务风险。

一些新的增值税纳税人对增值税专用发票的重要性没有切身体会和认知，有可能会做出为获取更多进项抵扣而购买假发票的行为，也有可能因为意识淡薄而造成为他人虚开增值税专用发票的行为。《刑法修正案（八）》已明确规定，无论是为他人，让他人为自己或者介绍他人虚开增值税专用发票（包括假发票），都构成虚开发票罪，情节严重者将要被追究刑事责任。财税人员有义务意识到购买假发票的危害性，也有责任将虚构发票、虚假发票的危害性告知企业管理人员。

增值税的相关刑事责任

虚开增值税专用发票税款数额不满1万元或使国家税款被骗取不满5000元的，情节严重的，可以本罪论处，基准刑为拘役刑。

【三年以下有期徒刑、拘役量刑格】虚开增值税专用发票税款数额1万元或使国家税款被骗取5000元的，基准刑为有期徒刑六个月；虚开的税款数额每增加3000元或实际被骗取的税款数额每增加1500元，刑期增加一个月。

【三年以上十年以下有期徒刑量刑格】虚开增值税专用发票税款数额10万元或使国家税款被骗取5万元的，或有其他严重情节的，基准刑为有期徒刑三年；虚开的税款数额每增加6000元或实际被骗取的税款数额每增加3000元，刑期增加一个月。

【十年以上有期徒刑量刑格】虚开增值税专用发票税款数额50万元或使国家税款被骗取30万元的，基准刑为有期徒刑十年；虚开的税款数额每增加1万元或实际被骗取的税款数额每增加5000元，刑期增加一个月。

【缓刑适用书】有下列情形之一的，不适用缓刑：

（一）虚开增值税专用发票税款数额30万元以上或使国家税款被骗取25万元以上的；

（二）曾因虚开增值税专用发票被行政处罚或判刑的；

（三）虚开增值税专用发票累计5次以上的；

（四）未按规定缴纳60%以上罚金的。

虚开增值税发票的危害性：

虚开增值税专用发票在客观方面表现为没有货物购销或者没有提供或接受应税劳务，而为他人、为自己、让他人为自己、介绍他人开具增值税专用发票；或者即使有货物购销或提供或接受了应税劳务，但为他人、为自己、让他人为自己、介绍他人开具数量或者金额不实的增值税专用发票；或者进行了实际经营活动，但让他人为自己代开增值税专用发票的行为。

五、片面性风险

广义的税务风险，也包括纳税人单纯为了应纳税额的最小化而影响了整体利益的最大化。税收筹划注重整体性和全局性。在考虑企业的税负之时不能忽视企业所处的经营环境和管理成本、企业所处的发展阶段和战略目标。视野只局限于某个税种的税额可能会导致其他税种应纳税额的增加，进而降低纳税人整体的税后净利润。并且，身在商业社会中企业也应该将利益相关者的利益作为自己的决策因素，若为了一时的降税而破坏了战略合作伙伴间的合作那就得不偿失了。

此外，建议企业在“营改增”后及时调整自身产品和服务的定价以确保在市场竞争中不落人后。

第十章　销售无形资产的税收筹划

一、兼营行为的税收筹划

《营业税改征增值税试点实施办法》明确，增值税纳税人销售适用不同税率或者征收率的货物、劳务、服务、无形资产或者不动产也属于“兼营”这一概念的范畴。当发生“兼营”的情况，应当分别核算适用不同税率或者征收率的销售额，未分别核算的，从高适用税率。

【案例10-1】某运动品牌公司A除销售运动产品外，也向各经销商和专卖店销售商标使用权。2016年6月1日，A向中国境内某新设专卖店B出售品牌商标使用权，售价为人民币100万元；同月5日，A向B批发了一批实物产品，销售金额共计600万元。假设形成无形资产和实物产品过程中支付的增值税都已作为进项税额在5月的增值税清算中抵扣完全。本例中所示价格均为不含税价格。

根据“营改增”试点办法规定，商标使用权和实物产品的销售都属于增值税的应税范围，两者的适用税率分别为6%和17%。此处，若A未对两项应税行为分别处理并在账务上分开核算，则其6月份与B的商业交易活动共需缴纳增值税：

$$(600+100)\times17\%=119\text{（万元）}$$

会计分录如下：

借：银行存款　　8 190 000

　贷：主营业务收入　　6 000 000

　　　其他业务收入　　1 000 000

　　　应交税费——应交增值税（销项税额）1 190 000

在不考虑其他筹划方案的条件下，若A公司将这两项经济活动的账务分别核算处理，则其应纳增值税税额为：

$$600\times17\%+100\times6\%=108\text{（万元）}$$

相较前一种核算方式，其应纳增值税税额减少了11万元人民币。

案例分析：

兼营业务分开核算主要表现为：合同或协议分开签订，增值税专用发票分别开具，会计处理分开核算、分别入账。销售无形资产的增值税税率较其他应税行为而言属于低税率，而现实生活中很少有企业以销售无形资产作为唯一获取经济利益的业务，所以在此提示纳税人在销售无形资产时要立即采用兼营时最佳的会计、税务处理方式。

二、纳税义务发生时间的税收筹划

增值税纳税人有数个可能的纳税义务发生时间点，具体到销售无形资产这项行为，分别为发生应税行为并收讫款项、合同约定付款日期、开票日期、（视同销售时）无形资产转让完成日期。除建筑服务、租赁服务外，收到预收款并不构成纳税义务。

基于货币的时间价值，纳税人应在法律法规许可的范围内尽可能延迟增值税的纳税时间，保护自身合法权益。

【案例 10-2】C公司拟向A公司购买品牌商标使用权，目前现金流不足以一次性支付购得该使用权，但考虑到日后A公司商标使用权升值可能性巨大，遂与A公司于5月31日签订了如下合约：C公司以A公司品牌使用权的报价500万元购买A公司的品牌使用权，并采取预付款方式于2016年6月1日、7月1日分别向A公司支付账款200万元、100万元人民币，剩余款项于2016年12月31日付清，并于当日正式购得A公司的商标使用权。2016年6月、7月，A公司如期收到C公司预付的价款。2016年年底，C公司再次向A公司支付账款50万元，因公司财务出现特殊情况，另外150万元并未如约支付。A公司以C公司违约为由拒绝于当日转让商标使用权，双方补充约定在C公司支付余下150万元账款后办理转让手续。

虽然A公司在6月、7月就已收到预收款，但该销售品牌商标使用权的行为并不产生纳税义务。A公司切忌在收到预收款时即向主管税务机关申报纳税。C公司与A公司5月31日的合同中明确了在12月31日交付全部销售款，因此，尽管12月31日无形资产的款项并未收讫，但纳税义务已产生。

12 月应纳增值税额为 500×6%=30（万元）

案例分析：

在本案例中，合同确定的付款日期为 2016 年 12 月 31 日（100% 金额），开票日期未知（2017 年），完成无形资产转让的日期未知（2017 年），A 公司收讫款项日期未知（2017 年）。

事实上纳税义务申报时间的提前并不会使得 A 公司多交增值税税款，然而货币是有时间价值的，并且，对企业而言，现金流的重要性不言而喻。A 公司在 12 月月底结算时仍有 150 万元应收未收款，而此时 500 万元对应的增值税税款却需要 A 公司立即向税务机关缴纳，这对 A 公司而言是一种损失。从税收的角度思考，A 公司与 C 公司完全可以在 5 月 31 日的合同中约定"只有在 C 公司完成交付全部货款后 A 公司才向 C 公司开具增值税专用发票、转让商标使用权。且本合同的有效期至 2016 年 12 月 31 日"。如此一来，若 12 月 31 日 C 公司不能支付全部款项，则合同失去效力。此举在减少 A 公司的货币时间价值损失的同时，对 C 公司的按时付款也有同样的敦促作用。

三、进货商选择的税收筹划

前文已经论述了增值税发票对纳税人的重要性，其采购时获得的增值税专用发票可以作为进项税额抵扣销项税额。因此增值税纳税人在采购时要转变以往的采购观念，同样质量的货物和服务，价格低的反倒可能会减少企业的利润。

【案例 10-3】 在“营改增”之前，C 公司（增值税一般纳税人）拟对店面进行装修，该项建筑装饰服务有两家本地企业 D、E 可供选择，分别出价 5000 元、4800 元。那么显然购买 4800 元的服务对企业来说更为划算。但是在 2016 年 5 月 1 日后 C 公司想要进一步装修该店面，这两家企业分别开价 5300 元、5100 元（均为含税价），其中 D 刚刚申请到了一般纳税人资格，而 E 在“营改增”后被认定为是小规模纳税人。

向 D 企业购买：可获得增值税进项税额

5300÷（1＋6%）×6%=5000×6%=300（元）

C 公司实际采购成本为 5300-300=5000（元）

借：在建工程 5000

应交税费——应交增值税（进项税额） 300

贷：银行存款 5300

向 E 企业购买：无法获得增值税进项抵扣，实际成本为 5100 元。

借：在建工程 5100

贷：银行存款 5100

案例分析：

看似 D 企业的定价更高，令 C 公司当期流出的现金更多，然而实际上此时 C 承担的成本仅为 5000 元，因为 300 元的增值税进项税额可以抵减 C 公司当期或以后期间的应纳增值税额。当然，若本例中的 C 公司为小规模纳税人则不用考虑这一问题，在购买货物或是服务时仍以"价低"为原则。

四、纳税人身份选择的税收筹划

除了在采购选择供货方时要考虑纳税人身份外，因为小规模纳税人的征收率为3%，一般纳税人的税率为6%，所以，企业自身作为销售方也要注意纳税人身份的选择。具体操作时，企业可通过设立子公司（小规模纳税人）的方式分割部分业务，使一部分业务适用3%的征收率，但3%征收率下的增值税税负并不绝对低于6%税率下计算出来的增值税税负。下面举例说明。

【案例10-4】某互联网公司F的主营业务为销售电脑软件，软件销售额每年可达1亿元人民币。同时也对外出售域名，每个域名售价10 000元人民币，每年可售500个域名。F公司以本公司作为销售方时，域名含税标价为10 600元/个；选择成立子公司G负责域名出售业务时（G为小规模纳税人），域名标价为10 000元/个。

案例分析：

如此定价是为了与市场竞争保持一致，不扭曲消费者的消费选择。因为对于购买F公司域名的买家而言，两种情况下的成本是一致的，但以10 600元/个购买时可获得600元的增值税进项税额抵扣应交增值税。

对于F公司而言，两种纳税人身份的选择却有很大差别。

一般纳税人身份下，域名出售业务全年应纳增值税销项税额：

10600÷（1 + 6%）×6%×500=300000（元）

设立子公司 G 后，G 公司全年应纳增值税额为：

10000×3%×500=150000（元）

进一步假设分摊至每个域名的平均研发成本对应的增值税进项税额为 X 元，则一般纳税人域名出售业务的实际应纳税额为（300000-500X）元。

当 $X>300$ 时，一般纳税人身份下增值税实际应纳税额更低；

当 $X<300$ 时，小规模纳税人身份下增值税实际应纳税额更低；

当 $X=300$ 时，两种纳税人身份下增值税实际应纳税额相等。

最终的选择还是取决于分摊至各个域名的进项税额，当 $X<300$ 而 F 公司出售域名的业务年销售额超过 500 万元人民币时，可采用设立多个子公司的形式降低增值税税负。

第三篇

跨境行为案例评析与税务处理

第十一章　跨境行为税制分析

随着全球一体化的持续深入，各国之间的资本、货物、劳务、服务流动愈加频繁。本次“营改增”的“跨境应税行为”包括跨境服务和跨境销售无形资产。跨境服务的特点是服务的提供者和消费者分处不同国家，在提供服务的过程中，就服务内容本身而言已跨越了国境。它可以没有人员、物资和资本的流动，而是通过电信、计算机的联网实现，如一国的咨询公司在本国向另一国客户提供法律、管理、信息等专业性服务，以及国际金融服务、国际电信服务、视听服务等；也可以有人员、物资或资金的流动，如一国租赁公司向另一国用户提供租赁服务以及金融、运输服务等。跨境销售无形资产的特点和跨境服务是一样的。

跨境的含义，按照财税〔2013〕52 号文第三条的规定，纳税人向国内海关特殊监管区域内的单位或者个人提供的应税服务，不属于跨境服务，应照章征收增值税。海关特殊监管区域是经国务院批准，设立在我国境内，由海关为主实行全封闭围网、海关依法对进出货物实施监管的特定区域。目前我国海关监管特殊区域共 10 种，包括保税区、出口加工区、保税物流园区、保税港区、综合保税区、出口监管仓库、进口保税仓库、保税物流中心、珠海跨境工业园区、霍尔果斯国际边境合作中心。

同货物、劳务出口一样，政府对服务和无形资产的出口给予了税收上的优惠，对进口应税行为则照常征税。《财政部、国家税务总局关于将铁路运输和邮政业纳入营业税改征增值税试点的通知》（财税〔2013〕106 号）附件 4 和《财政部、国家税务总局关于影视等出口服务适用增值税零税率政策的通知》（财税〔2015〕118 号）给予了部分服务跨境零税率或免税政策的优惠。本次《关于全面推开营业税改征增值税试点的通知》（财税〔2016〕36 号）则将优惠范围进一步扩大，使得绝大部分服务在出口时得以享受增值税的优惠政策。

一、纳税人与扣缴义务人

中华人民共和国境内（以下称境内）单位或者个人向中华人民共和国境外（以下称境外）提供服务或销售无形资产，境内单位或者个人为跨境应税项目的纳税人。

境外单位或者个人向境内提供服务或销售无形资产，若在境内设有经营机构，则纳税人为境外单位或个人；若在境内未设有经营机构的，以购买方为增值税扣缴义务人。财政部和国家税务总局另有规定的除外。

二、应税行为范围

在境内销售服务、无形资产或者不动产（以下称应税行为）的单位和个人，为增值税纳税人，应当按照《营业税改征增值税试点实施办法》缴纳增值税。境外向境内销售服务、无形资产或者不动产没有税收优惠，征收方式同境内单位和个人的境内销售。但是，境内单位和个人向境外销售服务、无形资产，政府则给予了大范围、大力度的增值税优惠政策，具体情况如表 11-1 所示。

表 11-1　跨境应税项目相关规定表

应税项目	零税率	免税	未明确规定服务
国际运输服务	1. 在境内载运旅客或者货物出境 2. 在境外载运旅客或者货物入境 3. 在境外载运旅客或者货物 4. 航天运输服务	1. 以无运输工具承运方式提供的国际运输服务（新）由境内实际承运人适用增值税零税率；无运输工具承运业务的经营者适用增值税免税政策 2. 按照国家有关规定应取得相关资质的国际运输服务项目，纳税人取得相关资质的，适用增值税零税率政策，未取得的，适用增值税免税政策 三种交通运输相关"出租"行为（注 1）： 1. 程租服务 2. 期租服务 3. 湿租服务	

续表

应税项目	零税率	免税	未明确规定服务
邮政服务		1. 为出口货物提供的邮政服务、收派服务 2. 为出口货物提供保险服务，包括出口货物保险和出口信用保险（新）	
电信服务		完全在境外消费的电信服务	
建筑服务		1. 工程项目在境外的建筑服务（新） 2. 工程项目在境外的工程监理服务（新）	
金融服务		为境外单位之间的货币资金融通及其他金融业务提供的直接收费金融服务（注 5)，且该服务与境内的货物、无形资产和不动产无关（新）	贷款服务、保险服务、金融产品转让
现代服务	完全在境外消费的（注 2)： 1. 研发服务 2. 合同能源管理服务 3. 设计服务（注 3)	1. 工程、矿产资源在境外的工程勘察勘探服务 2. 会议展览地点在境外的会议展览服务 3. 存储地点在境外的仓储服务 4. 标的物在境外使用的有形动产租赁服务 5. 在境外提供的广播影视节目(作品）的播映服务	信息系统增值服务(注6)

续表

应税项目	零税率	免税	未明确规定服务
现代服务	4. 软件服务 5. 广播影视节目（作品）的制作和发行服务 6. 电路设计及测试服务 7. 信息系统服务 8. 业务流程管理服务 9. 离岸服务外包业务（注 4）	完全在境外消费的： 1. 知识产权服务 2. 物流辅助服务（仓储服务、收派服务除外） 3. 鉴证咨询服务 4. 专业技术服务 5. 商务辅助服务 6. 广告投放地在境外的广告服务	
生活服务		在境外提供的文化体育服务、教育医疗服务、旅游服务（新）	餐饮住宿服务、居民日常服务、娱乐
销售不动产	所销售或者租赁的不动产不在境内的情况本就不属于增值税的征税范围		
销售无形资产	完全在境外消费的： 技术转让	完全在境外消费的无形资产（新） 原 106 号文件中“技术转让服务、商标著作权转让服务”归并入此项目	

跨境应税服务的免税、零税率政策是政府对商品、服务和无形资产对外出口的扶持政策，其目的在于更好地让中国的企业走出去。增值税零税率使我国产品在国际市场上以完全不含税的价格参与竞争，从而提高了出口服务企业

的国际竞争力，为现代服务业的深入发展和走向世界创造了条件，对于调整完善我国出口贸易结构，特别是促进服务贸易出口具有重要意义。由于全球化的快速发展，境内单位提供跨国性金融服务越来越频繁，若对金融服务完全免税难免会引发资本的外流，为了保护国家税源并加强税收监管，暂未将金融服务业完全纳入跨境免税、零税率的行列。现将表11-1中的有关概念解释如下。

（1）三种与交通运输相关的“出租”行为

境内的单位或个人提供程租服务，如果租赁的交通工具用于国际运输服务和港澳台运输服务，则由出租方按规定申请适用增值税零税率，承租方适用免税政策。

境内的单位和个人向境内单位或个人提供期租、湿租服务，如果承租方利用租赁的交通工具向其他单位或个人提供国际运输服务和港澳台运输服务，承租方适用增值税零税率。境内的单位或个人向境外单位或个人提供期租、湿租服务，出租方适用增值税零税率。

【案例11-1】浙江金华某交通运输公司A主要从事内河航运，2016年7月其发生业务如下。

（1）向绍兴某拥有《国际船舶运输经营许可证》的运输企业提供程租服务，租期为10日，租金为人民币80 000元。该绍兴企业用从A公司处承租取得的船舶将本地某工厂的货物运送至韩国某港口，共获得收入人民币100 000元。

（2）向宁波某持有《国际船舶运输经营许可证》的运

输企业提供期租服务，租期为一个月，该宁波运输企业于当月向A公司支付租金100 000元人民币。宁波运输公司利用承租船舶及配备操作人员向日本某企业提供国际交通运输服务，共获得人民币收入200 000元。

（3）向杭州某持有《台湾海峡两岸间水路运输许可证》的运输企业提供期租服务，租期为一个月，该杭州运输企业于当月向A公司支付租金150 000元人民币。杭州运输企业将从A公司处承租的船舶及操作人员以期租方式出租给台湾某公司B，租期为7月10日至7月25日，从B处获得租金收入共计人民币180 000元。

案例分析：

针对业务（1）中的服务，由于是程租服务，金华的A公司取得的80 000元收入适用增值税零税率，燃油费等增值税进项税额可进行抵扣，而绍兴的运输企业获得的100 000元适用增值税免税政策。

针对业务（2）中的服务，宁波运输企业为承租方，其将承租取得的交通运输工具用于向境外单位提供国际运输服务，所以宁波运输公司的200 000元收入可以获得增值税零税率优惠，而金华A交通运输公司的100 000元收入则需要按照11%的税率照常征收增值税。

针对业务（3）中的服务，杭州运输企业为承租方，其承租取得的交通运输工具用于向境外单位提供期租服务，在此处杭州运输企业获得的180 000元租金收入获得增值税零税率优惠，而金华A交通运输公司则要按照11%的税率照常征收增值税。

（2）所谓完全在境外消费，是指：

1）服务的实际接受方在境外，且与境内的货物和不动产无关。

2）无形资产完全在境外使用，且与境内的货物和不动产无关。

3）财政部和国家税务总局规定的其他情形。

【案例11-2】某境内快递企业B为某境外企业A在中国境内销售后被退回的货物提供仓储服务，即使A完全是境外企业，即仓储服务的实际接收方在境外，但因仓储服务与我国境内的货物有关，所以该项仓储服务也并非完全在境外消费，不能享受仓储服务的免税优惠。

（3）国税发〔2014〕49号文对适用增值税零税率的“设计服务”规定如下：向境外单位提供的研发服务和设计服务，对境内不动产提供的设计服务除外。财税〔2016〕36号文则删除了“不包括对境内不动产提供的设计服务”这一限制，同时新增“设计服务”需满足“完全在境外消费”的条件。

实际上这一变动并没有拓宽设计服务适用增值税零税率的范围。因为向境外主体提供的对境内不动产的设计服务与境内不动产明显相关，不符合“完全在境外消费”的条件，不可享受增值税零税率优惠。

但是，这一变动使得规定变得更加严谨、清晰，不再根据行为的类别区别给予税收政策，而是根据行为的性质区别给予税收政策。

（4）服务外包业务包括信息技术外包服务（ITO）、技术性业务流程外包服务（BPO）和技术性知识流程外包服务（KPO）。

（5）所谓直接收费金融服务，是指为货币资金融通及其他金融业务提供相关服务并且收取费用的业务活动。包括提供货币兑换、账户管理、电子银行、信用卡、信用证、财务担保、资产管理、信托管理、基金管理、金融交易场所（平台）管理、资金结算、资金清算、金融支付等服务。

（6）信息系统增值服务是指利用信息系统资源为用户附加提供的信息技术服务。包括数据处理、数据分析和整合、数据库管理、数据备份、数据存储、容灾服务、电子商务平台等。

信息系统服务与信息系统增值服务

信息系统服务和信息系统增值服务只有二字之差，但两类服务在跨境时适用的增值税政策却大不相同。跨境信息系统服务可享受增值税零税率优惠，而跨境信息系统增值服务则无税收优惠，需照章缴纳增值税。

信息系统服务，是指提供信息系统集成、网络管理、网站内容维护、桌面管理与维护、信息系统应用、基础信息技术管理平台整合、信息技术基础设施管理、数据中心、托管中心、信息安全服务、在线杀毒、虚拟主机等业务活动，包括网站对非自有的网络游戏提供的网络运营服务。

三、税率与征收率

总体而言，虽然跨境应税行为的应税项目繁多，但是跨境提供各项服务和跨境销售无形资产的增值税税率和征收率与境内销售或提供服务是一样的。

四、应纳税额的计算

（1）境内单位发生的跨境应税行为，需要缴纳增值税的，其应纳税所得额为“销售额”。销售额是指纳税人从购买方或服务接收方收取的全部价款和一切价外费用。因向购买方收取的销项税额属于价外税，所以增值税销售额中不包括向购买方收取的销项税额。

用于免征增值税项目的应税行为产生的进项税额不得扣除。

（2）境外单位或者个人在境内发生应税行为，在境内未设有经营机构的，扣缴义务人按照下列公式计算应扣缴税额：

应扣缴税额＝购买方支付的价款÷（1＋税率）×税率

五、税收征管

1. 纳税义务、扣缴义务发生时间和纳税地点

跨境应税行为的纳税义务、扣缴义务发生时间与应税行为境内发生时的纳税义务、扣缴义务发生时间是一致的。需缴纳增值税的跨境应税行为包括跨境金融服务、现代服务和生活服务，相关纳税义务、扣缴义务发生时间可在本书前面章节查阅。

跨境金融服务、现代服务和生活服务的纳税地点和纳税期限同境内金融服务、现代服务和生活服务的纳税地点和纳税期限，在相应章节均已详细说明。

跨境应税行为的扣缴义务人应当向其机构所在地或者居住地主管税务机关申报缴纳扣缴的税款。

2. 其他税收征管规定

境内的单位和个人销售适用增值税零税率的服务或无形资产的，可以放弃适用增值税零税率，选择免税或按规定缴纳增值税。放弃适用增值税零税率后，36 个月内不得再申请适用增值税零税率。

境内的单位和个人销售适用增值税零税率的服务或无形资产，按月向主管退税的税务机关申报办理增值税退（免）税手续。具体管理办法由国家税务总局商同财政部另行制定。

境内单位和个人发生的与香港、澳门、台湾地区有关的应税行为，除另有规定外，参照上述规定执行。

六、税收优惠

零税率是增值税的一档税率，只要符合文件规定，就可以适用零税率，无须税务机关审批或备案。免征增值税属于税收优惠，要按照税收优惠管理的相关要求，或先经税务机关审批，或报送税务机关备案，而后申报免税收入。

《营业税改征增值税跨境应税服务增值税免税管理办法（试行）》（国家税务总局〔2013〕年52号）规定：跨境服务享受免征增值税的优惠政策，需满足四项基本条件。分别是：(1)纳税人提供跨境服务必须与服务接受方签订跨境服务书面合同。否则，不予免征增值税；(2)服务的全部收入应从境外取得，否则，不予免征增值税；(3)单独核算跨境销售额并不得就免税收入开具增值税专用发票；(4)满足备案要求。

纳税人办理跨境服务免税备案手续，应当为每个合同分别办理一项备案。如果一个合同涉及两个及两个以上跨境服务业务的，也应一个合同一项备案。

原签订的跨境服务合同发生变更或者跨境服务的有关情况发生变化，变化后仍符合规定的免税跨境服务范围的，纳税人应向主管税务机关重新办理跨境服务免税备案手续；变化后不属于免征增值税范围的，纳税人应自发生变化之日起停止享受免征增值税政策。

财税〔2016〕36号文规定境内的单位和个人提供适用增值税零税率的服务或者无形资产，如果属于适用简易计税方法的，实行免征增值税办法；如果属于适用增值税一般计税方法的，生产企业实行免抵退税办法，外贸企业外购服务或者无形资产出口实行免退税办法，外贸企业直接将服务或自行研发的无形资产出口，视同生产企业连同其出口货物统一实行免抵退税办法。

第十二章 跨境行为纳税案例解析

一、跨境应税项目零税率解读

所谓零税率与免税是完全不同的两个概念。零税率可以理解为“免、抵、退税”，“免”税是指服务提供单位向境外提供规定的应税劳务，免征本单位提供环节的增值税；“抵”税是指服务提供单位可以用出口服务所耗用的材料、服务等在境内实际缴纳的增值税抵减境内服务的应纳增值税税额；“退”税是指服务提供单位在一个法定期限内因抵减的税额未抵减完时，经主管税务机关审核对未抵减完的税款部分予以退还[①]。零税率适用“征多少、退多少”、“未征不退和彻底退税”的原则，而“免税”这个概念只是上述三道程序中的一道。

（1）根据现行的相关规定，零税率应税服务当期免抵退税的计算程序和方法如下：

当期应纳税额 = 当期销项税额 −（当期进项税额 − 当期不得免征和抵扣税额）− 上期留底进项税额

① 艾华，王震．营业税改征增值税试点政策与实务处理．北京：中国税务出版社，2012.

当期不得免征和抵扣税额即是以应税服务计税价格为基准，用适用税率和退税率计算的数值的差额，在此为避免混淆主要公式不再列式表达。

只有当期应纳税额为负值时，才涉及所谓“退”税。接下来的问题就是退多少税。

（2）应纳税额为负可能由两种情况导致：一是不考虑外销情况应纳税额就已为负；二是用外销的退税额抵减内销的应纳税额后为负。出口退税只退外销形成的负的税额，所以以外销免抵退税额为限。

当期免抵退税额＝当期零税率应税服务免抵退税计税价格×外汇人民币挂牌×零税率应税服务退税率[①]－当期免抵退税额抵减额

当期免抵退税额抵减额＝当期免税购进原材料价格×出口货物退税率

（3）当期期末留抵税额和当期免抵税额的计算：

当期期末留抵税额其实是当期应纳税额的负值的绝对值，当：

1）当期期末留抵税额≤当期免抵退税额，说明部分应退税额已经抵减了内销的应纳税额，

① “营改增”中应税服务和销售无形资产的退税率等于各自适用的税率。

当期应退税额 = 当期期末留抵税额

当期免抵税额 = 当期免抵退税额 − 当期应退税额

2）当期应退税额＞当期免抵退税额，说明当期形成的期末留抵税额已经超过外销退税额，

当期应退税额 = 当期免抵退税额

当期免抵税额 =0

二、适用零税率的跨境应税行为的案例解析

【案例 12-1】北京某软件公司 Y 是增值税一般纳税人，办理了出口退（免）认定手续，广播影视节目（作品）的制作和发行服务退税率为 6%，期初留抵税额为 0。

2016 年 6 月发生如下业务。

（1）6 月 10 日，为北京一家大型企业集团设计并安装一款信息安全软件，款项于 12 日收齐并向该集团开具了增值税专用发票，发票注明金额 50 万元，税额 3 万元。

（2）6 月 15 日，为位于美国洛杉矶的一家企业安装了另一款软件，《软件出口合同登记证》上注明的含税成交价为 10.6 万美元，6 月 1 日的人民币对美元的汇率中间价为 6.5，6 月 20 日收到该企业支付的全部款项。

（3）6 月 25 日，购入一批新电脑替换旧电脑，取得增值税专用发票，注明金额为人民币 30 万元，税额 5.1 万元，设备款未支付给对方。

本例中Y公司涉及境内、跨境软件销售，需要计算增值税免抵退税额。

当期应纳税额为30000-51000=-21000（元），

当期期末的留抵税额为21 000元，

当期免抵退税额为

(106000×6.5)÷(1＋6%)×6%=39000（元）

因为当期免抵退税额39 000元大于当期期末留抵税额21 000元，所以当期应退税额为21 000元，当期免抵税额为39000-21000=18000（元）。

其会计分录如下：

（1）内销业务会计处理

借：银行存款　　530 000

　贷：主营业务收入　　500 000

　　应交税费——应交增值税（销项税额）　　30 000

（2）跨境业务会计处理

借：银行存款　　689 000

　贷：主营业务收入　　689 000

此处因增值税免税，未产生增值税销项税额，会计处理时也无须进行增值税处理。

（3）购进电脑的会计处理

借：固定资产　　300 000

　应交税费——应交增值税（进项税额）　51 000

　贷：应付账款　　351 000

（4）2016 年 7 月 10 日，Y 公司向主管税务机关办理了免抵退税申报，并于 10 天后收到税务机关审批的汇总表，此时应编制如下分录：

借：其他应收款——应收出口退税款 21 000

贷：应交税费——应交增值税（出口退税） 21 000

（5）2016 年 10 月 27 日，收到退税款，此时做如下分录：

借：银行存款 21 000

贷：其他应收款——应收出口退税款 21 000

案例分析：

首先确定软件服务属于增值税零税率的优惠范围，也就是可以享受增值税的“免、抵、退”。在处理出口退税时首先进行应纳增值税额的计算，根据简单的销项减去进项计算得出本例中应纳税额小于零，这说明了 Y 公司可以申报退税，同时可知其当期期末的留抵税额为 21 000 元。接下来的问题是计算 Y 公司能够退多少税。通过计算免抵退税额(即限额)，发现免抵退税额大于当期期末留抵税额，根据公式得出当期应退税额为当期期末留抵税额，即较小数 21 000 元。

在销售服务时，服务本身的定价计入“主营业务收入”（或其他业务收入），相应的增值税销项计入“应交税费——应交增值税（销项税额）”科目。当遇到免税、零税率情况，不用计算增值税销项税额也不需要计入增值税销项的会计科目。购入资产时的进项税额和资产本身的价格要分开核算，资产的本身价格计入“固定资产”、“库存商品”、“原材料”等科目，相应的增值税进项税额则计入“应交税费——应交增值税（进项税额）”借方。计算出应退税额后，借记“其他应收款——应收出口退税款”，贷记“应交税费——应交增值税（出口退税）”，取得退税款后再将“其他应收款——应收出口退税款”转入“银行存款”。

假设本例中其他条件不变，采购电脑的成本变为人民币 50 万元，也即增值税进项税额变为 8.5 万元。则：

当期应纳增值税为 30000-85000=-55 000（元），

当期期末留抵税额为 55 000 元，

因为当期免抵退税额 39 000 元小于当期期末留抵税额 55 000 元，

所以当期应退税额 = 当期免抵退税额为 39 000 元，当期免抵税额为 0 元。

三、适用免税政策的跨境应税行为的案例解析

【案例 12-2】某珠海建筑公司 A 自 2016 年 5 月起为澳门某房地产企业提供建筑服务，项目原材料均由房地产企业提供。项目在 2017 年 4 月 15 日竣工，并于竣工 10 日后收讫款项共计人民币 6000 万元。其成本如下。

（1）人工费用 3000 万元，与具有分包资质的企业签订合同，能提供增值税专用发票的劳务费的累计结算工程款为 2300 万元；剩余的 700 万元是与个人签订的劳务分包合同，不能提供增值税专用发票；

（2）直接费用 300 万元中，只有施工电费 120 万元取得了增值税专用发票；

（3）间接费 300 万元，包括职工工资、办公费、差旅费、职工五险一金等均取得的是普通发票。

2017 年 4 月，该建筑公司另收到珠海本地某房地产企业 B 支付的 3000 万元预付款。同月花费 200 万元从一般纳税人采购一批五金材料和劳保用品，并取得了增值税专用发票。其中 50% 的五金材料和劳保用品拟用于下月在香港进行的某建筑项目，另外的 50% 拟用于珠海本地 B 房地产企业的项目（五金材料、劳保用品适用增值税税率为 17%）。

2017 年 4 月，珠海建筑公司 A 增值税销项税额为

3000×11%=330（万元）

进项税额为 100×11%=11（万元）

增值税应纳税额为 330−11=319（万元）

案例分析：

本例的业务较为复杂，但是增值税的计算极为简单。在此，我们先要明确本例的关键点：其一，跨境建筑服务是新纳入增值税免税范围的跨境应税行为，可免征增值税，而用于增值税免税项目的相关项目的进项税额不得进行抵扣；其二，建筑业务纳税义务发生时间的相关规定。

在本例中，2017 年 4 月，该珠海建筑公司共取得收入为人民币 9000 万元，但其中 6000 万元为跨境建筑服务，可免征增值税，因此在计算增值税销项税额时只需计算从

境内预收的3000万元应缴纳的增值税销项税额。虽然用于澳门项目的支出中，有2420万元取得了相应的增值税专用发票，但是这些增值税专用发票不得用于进项税额抵扣。同理，用于购买香港项目的五金材料和劳保用品支出所对应的增值税专用发票也不得抵扣2017年4月的增值税。若本期将其进行认证抵扣，未来仍需用于海外项目时，则在使用时要在当期进行进项税额转出。本例中唯一可用于抵扣进项税额的是拟用于珠海本地建筑项目的100万元的五金材料和劳保用品所对应的增值税进项税额。

四、缴纳增值税的跨境应税行为的案例解析

【案例12-3】巴黎某设计师F是享誉全球的建筑设计师，F属于自由职业者，在巴黎拥有个人工作室。其于2015年8月为中国北京某公司G设计了一套总面积15 000平方米的商厦，合同约定北京G公司在取得最终设计稿后支付给F人民币200万元的设计费用。

显然，F提供的设计服务属于跨境应税项目，且该跨境行为不享受零税率、免税等优惠；F作为个人在中国境内并没有经营机构，因此本例中北京G公司是此项跨境应税行为的扣缴义务人。

设计服务的适用税率为6%，但是设计师F为个人，不能开具增值税专用发票，故此处适用3%的征收率。则G公司应代缴的中国增值税税款为：

200÷(1＋3%)×3%=5.83(万元)。

F实际取得收入为：200-5.83=194.17（万元）。

境外向境内销售服务、无形资产所构成的跨境应税行为在进行增值税计算时较为简单，无须做免、抵、退等各项处理。

本例中，G公司不能将5.83万元代缴的增值税作为进项税额处理。

第十三章 跨境行为的税务风险提示

一、优惠误用风险

在从事跨境应税服务时，要仔细确定从事的服务所属的类别以确定合法合规的税务处理方式。例如，国际运输业务、现代服务业、销售无形资产这三类应税行为视具体的服务项目和资产内容有零税率优惠和增值税免税优惠之别；金融服务业、生活服务业视具体服务内容有增值税免税优惠和照常纳税之别。

优惠也有主体之别，例如以无运输工具承运方式提供的国际运输服务由境内实际承运人适用增值税零税率政策；无运输工具承运业务的经营者适用增值税免税政策。这其实不难理解，无运输工具承运业务的经营者实际扮演了中间商的角色，并没有产生实际成本，若任其享受进项税抵扣的优惠显然是有失公平。

优惠还有内容之别，广播影视节目（作品）的制作和发行服务可享受零税率优惠而广播影视节目（作品）的播映服务享受的则是增值税免税优惠。

优惠还有资格之别，提供国际运输服务本可享受零税率优惠，但若未取得应取得的相关许可资质则只适用增值税免税政策。

纳税人在实际业务操作中，一方面，能享受免税优惠的应税行为不应该错失，能享受零税率优惠的不应只按照免税优惠进行处理；另一方面，条例未给予优惠的应税行为不能妄自按照优惠处理、仅有免税优惠的应税行为也不能依照零税率优惠进行税务处理。

二、发票管理不当风险

享有零税率优惠的应税行为可以将之前经济活动获取的增值税专用发票抵扣进项税额，因此对这些增值税专用发票的保管关系到纳税人最终增值税的缴纳。部分纳税人在 2016 年 5 月 1 日后才正式成为增值税纳税人，该时间点之前取得的增值税进项发票无法发挥任何抵扣增值税的作用。但可将其划为“应缴税额——待抵扣进项税额”，只要在开票日 180 日内进行发票认证并成功即可获得相应的进项税额抵扣。

若获取进项发票后发现发票信息错误或发生销售折让、退回等情况，要及时与销售方沟通、冲销无效发票并索要新的专用发票。这一系列工作都需要新增值税纳税人及时完成以免发生增值税进项税额无法完全抵扣的现象。

三、片面性风险

同样类型甚至相同质量的服务和无形资产，相比于在国内“销售”，显然走出口途径更有利于企业利润的积累。

但是，只为节约增值税而倾斜经营重心是不明智的。企业开辟海外市场是伴随着风险的，市场的前期开拓离不开精准的营销，市场的中期维护需要大量人力、财力、物力支撑，贸然进攻海外市场的后果也有可能是失去国内市场。因此，企业在分配境内外业务比例时要有足够长远的考虑，毕竟税收只是影响企业利润的一个因素，而增值税也仅是税收中的一个角色。

国际运输服务的各种“证”

国际运输服务需取得相关资质并拥有相关资质的运输工具，才能适用增值税零税率，以下情况不能适用增值税零税率。

以水路运输方式提供国际运输服务但未取得《国际船舶运输经营许可证》的；以公路运输方式提供国际运输服务但未取得《道路运输经营许可证》或者《国际汽车运输行车许可证》，或者《道路运输经营许可证》的经营范围未包括“国际运输”的；以航空运输方式提供国际运输服务但未取得《公共航空运输企业经营许可证》，或者其经营范围未包括“国际航空客货邮运输业务”的；以航空运输方式提供国际运输服务但未持有《通用航空经营许可证》，或者其经营范围未包括“公务飞行”的。

以公路运输方式提供至香港、澳门的交通运输服务，但未取得《道路运输经营许可证》，或者未具有持《道路运输证》的直通港澳运输车辆的；以水路运输方式提供至台湾的交通运输服务，但未取得《台湾海峡两岸间水路运输许可证》，或者未具有持《台湾海峡两岸间船舶营运证》的船舶的；以水路运输方式提供至香港、澳门的交通运输服务，但未具有获得港澳线路运营许可的船舶的；以航空运输方式提供往返香港、澳门、台湾的交通运输服务或者在香港、澳门、台湾提供交通运输服务，但未取得《公共航空运输企业经营许可证》，或者其经营范围未包括“国际、国内（含港澳）航空客货邮运输业务”的；以航空运输方式提供往返香港、澳门、台湾的交通运输服务或者在香港、澳门、台湾提供交通运输服务，但未持有《通用航空经营许可证》，或者其经营范围未包括“公务飞行”的。

四、准备不当风险

增值税免税优惠需要纳税人自行申请、满足四项基本条件并准备好备案材料。四项基本条件包括：①与服务接受方签订跨境服务书面合同；②服务的全部收入应从境外取得；③单独核算跨境销售额并不得就免税收入开具增值税专用发票；④满足备案要求。纳税人申请出口服务免征增值税必须办理跨境服务免税备案手续，纳税人需要按规定向税务机关提交材料。若纳税人提交的材料存在瑕疵或不完整，则税务机关将退回材料并要求纳税人重新提交。

1. 备案资料清单

纳税人申请增值税免税优惠的，向税务机关办理备案手续时，一般需提交以下资料：

（1）《跨境应税服务免税备案表》；

（2）跨境服务合同原件及复印件；

（3）在境外提供服务的，应提交服务地点在境外的证明材料原件及复印件；

（4）向境外提供服务的，应提交服务接受方机构所在地在境外的证明材料；

（5）提供国际运输业务或港澳台运输业务的，应提交实际发生国际运输业务或者港澳台运输业务的证明材料。

2. 其他备案要求

（1）地点或机构证明材料。地点或机构证明材料一般是指接受服务公司的营业执照及类似证明，或接受服务的个人护照。

（2）语言要求。合同为外文的，应提供中文翻译并由法定代表人签字或者单位盖章。证明材料原件为外文的，还应提供中文翻译并由法定代表人签字或者单位盖章。

（3）复印件要求。境外资料无法提供原件时，复印件必须注明“复印件与原件一致”字样，并由法定代表人签字或者单位盖章。

（4）公证要求。主管税务机关对提交的境外证明材料有疑议的，还需提供境外公证部门出具的证明材料。

以前的跨境服务因免税条件不齐全而无法享受优惠的情况时有发生，而部分合同对服务内容的描述和评价不准确也造成了征纳双方的意见分歧。在此也建议销售方在签订合同时注意对服务内容细化并准确对应财税〔2016〕36号文中书面总结的服务类型，以确保合同免税优惠能够获得。

第十四章　跨境行为的税收筹划

一、直接出口，减少中间环节的税收筹划

境内的单位和个人向境内单位或个人提供期租、湿租服务，如果承租方利用租赁的交通工具向其他单位或个人提供国际运输服务和港澳台运输服务，则承租方适用增值税零税率。

【案例 14-1】假设国内运输公司 P 为境内另一家运输企业 Q 提供轮船的湿租服务（P、Q 均已取得国际运输许可证），租期为 2 个月，开具增值税专用发票，注明价款为人民币 20 万元，税额 1.2 万元。期间，Q 公司用 P 公司出租的轮船和工作人员开展国际运输服务，运输终点为韩国某港口，2 个月内获得收入换算人民币后共计 20 万元。不考虑这 2 个月内 P、Q 两家公司的其他经营业务。

在这一案例中，P 向 Q 提供的湿租服务需要缴纳增值税，而 Q 提供的跨境国际运输服务却适用增值税零税率。Q 没有设备折旧成本亦无设备采购成本，其可获得 1.2 万元增值税销项税额的免除及 1.2 万元增值税进项税额的退回。相比之下，P 公司在承担设备折旧成本之外还需承担 1.2 万元增值税销项税额。

同样，也可以将这种情况套用在其他跨境应税项目上，如设计服务。总而言之，纳税人直接对外出口货物、劳务、服务或是无形资产才能享受到税收优惠的最大化。

二、直接收款的税收筹划

纳税人向境外单位有偿提供跨境服务，该服务的全部收入应从境外取得。否则，不予免征增值税。

【案例14-2】我国境内公司S向国外企业提供专业技术服务后，国外企业先将账款汇至国内代理公司或是其在中国境内的子公司，再由代理公司或境内子公司转到S公司的银行账户，这种情况下，S公司提供的跨境专业技术服务不能享受免税优惠。

为预防类似情形发生，销售方可事先与购买方说明情况并在合同中加以明确。

三、针对信息系统增值服务的税收筹划

信息系统增值服务是现代服务业中唯一一项没有在文件中被明确赋予税收优惠的应税项目。其内容包括利用信息系统资源为用户附加提供的信息技术服务。包括数据处理、分析和整合、数据库管理、数据备份、数据存储、容灾服务、电子商务平台等。在这些内容中，部分内容与信息技术外包服务（ITO）、技术性业务流程外包服务（BPO）、技术性知识流程外包服务（KPO）的内容吻合。以ITO为例，常见的业

务形式涉及信息技术设备的引进和维护、通信网络的管理、数据中心的运作、信息系统的开发和维护、备份和灾难恢复、信息技术培训等。在业务实质既定的情况下转变业务的分类也能为企业节省一笔税款。

但是，绝对要注意的是不能硬将业务名称改成与内容实质大相径庭的另一项业务的名称，这种行为就是典型的避税了，如将电子商务平台业务归入 ITO 或是信息系统服务的范畴就不合适了。

四、纳税人身份选择的税收筹划

深圳、珠海等城市靠近港澳地区，经济来往密切，亦有不少规模不大的企业为香港、澳门的企业或个人提供着各种服务，其中在港澳境内开展的旅游服务尤为常见。这类规模不大的企业在从事跨境业务时需要注意自身纳税人身份的选择。

以小规模纳税人身份从事相关服务输出无法享受增值税免税服务，但征收率较低。具体的选择应以其业务的增值率为判断依据。

假设纳税人的增值税率为 X，S 为其含税销售额，P 为含税购进支出。同时设一般纳税人提供跨境应税服务的增值税税率为 6%，小规模纳税人的征收率为 3%，

则一般纳税人的增值率 $X=\dfrac{S-P}{S}$

一般纳税人的应纳增值税为

$$\frac{S}{1+6\%}\times 6\%-\frac{P}{1+6\%}\times 6\%=S\times\frac{X}{1+6\%}\times 6\%$$

小规模纳税人应纳增值税为 $\frac{S}{1+3\%}\times 3\%$

两类纳税人的纳税额相等时，$S\times\frac{X}{1+6\%}\times 6\%=\frac{S}{1+3\%}\times 3\%$

可得，X=51.46%

即当增值率高于无差别点 51.46% 时，一般纳税人的税负高于小规模纳税人，此时若条件允许，可选择以小规模纳税人身份纳税；相反，当增值率低于无差别点 51.46% 时，一般纳税人的税负低于小规模纳税人，此时若条件允许可选择以一般纳税人身份纳税。企业在进行决策前，务必要对本公司的业务和成本进行仔细的核查、验算。

还要注意，以上结论都是基于含税价计算得出的，若利用不含税销售额进行决策，则需要重新计算。其过程如下。

仍假定纳税人的增值税率为 X，S 为其不含税销售额，P 为不含税购进支出。仍设一般纳税人提供跨境应税服务的增值税税率为 6%，小规模纳税人的征收率为 3%。

则一般纳税人的增值率 $X=\frac{S-P}{S}$

一般纳税人的应纳增值税为 $S\times 6\%-P\times 6\%=S\times X\times 6\%$

小规模纳税人应纳增值税为 $S\times 3\%$

两类纳税人的纳税额相等时，$S\times X\times 6\%=S\times 3\%$

可得，X=50%

将不同的增值税应税项目适用税率代入计算过程，可以得出如下两张图表，如表14-1、表14-2所示。

表14-1　无差别平衡点增值税（含税销售额）

单位：%

一般纳税人税率	小规模纳税人征收率	无差别平衡点增值率
17	3	20.05
13	3	25.32
11	3	29.39
6	3	51.46

表14-2　无差别平衡点增值税（不含税销售额）

单位：%

一般纳税人税率	小规模纳税人征收率	无差别平衡点增值率
17	3	17.65
13	3	23.08
11	3	27.27
6	3	50.00

五、积极拓展国际市场的税收筹划

实际上，对跨境应税项目的所有优惠都是为了让国内产品和服务能更好地走向国际市场，这是政府所引导的经济发展方向。作为微观主体的企业应该积极顺应这种号召、顺应时代发展的大潮，努力提高自身产品、服务走出去的能力，在国际市场上占据更大的份额。这不仅会为企业带来增值税税款的节约，更能让企业的利润实现新的增长和突破。

附 录

跨境应税行为适用增值税零税率和免税政策的规定

一、中华人民共和国境内（以下称境内）的单位和个人销售的下列服务和无形资产，适用增值税零税率：

（一）国际运输服务。

国际运输服务，是指：

1. 在境内载运旅客或者货物出境。

2. 在境外载运旅客或者货物入境。

3. 在境外载运旅客或者货物。

（二）航天运输服务。

（三）向境外单位提供的完全在境外消费的下列服务：

1. 研发服务。

2. 合同能源管理服务。

3. 设计服务。

4. 广播影视节目（作品）的制作和发行服务。

5. 软件服务。

6. 电路设计及测试服务。

7. 信息系统服务。

8. 业务流程管理服务。

9. 离岸服务外包业务。

离岸服务外包业务，包括信息技术外包服务（ITO）、技术性业务流程外包服务（BPO）、技术性知识流程外包服务（KPO），其所涉及的具体业务活动，按照《销售服务、无形资产、不动产注释》相对应的业务活动执行。

10. 转让技术。

（四）财政部和国家税务总局规定的其他服务。

二、境内的单位和个人销售的下列服务和无形资产免征增值税，但财政部和国家税务总局规定适用增值税零税率的除外：

（一）下列服务：

1. 工程项目在境外的建筑服务。

2. 工程项目在境外的工程监理服务。

3. 工程、矿产资源在境外的工程勘察勘探服务。

4. 会议展览地点在境外的会议展览服务。

5. 存储地点在境外的仓储服务。

6. 标的物在境外使用的有形动产租赁服务。

7. 在境外提供的广播影视节目（作品）的播映服务。

8. 在境外提供的文化体育服务、教育医疗服务、旅游服务。

（二）为出口货物提供的邮政服务、收派服务、保险服务。

为出口货物提供的保险服务，包括出口货物保险和出口信用保险。

（三）向境外单位提供的完全在境外消费的下列服务和无形资产：

1. 电信服务。

2. 知识产权服务。

3. 物流辅助服务（仓储服务、收派服务除外）。

4. 鉴证咨询服务。

5. 专业技术服务。

6. 商务辅助服务。

7. 广告投放地在境外的广告服务。

8. 无形资产。

（四）以无运输工具承运方式提供的国际运输服务。

（五）为境外单位之间的货币资金融通及其他金融业务提供的直接收费金融服务，且该服务与境内的货物、无形资产和不动产无关。

（六）财政部和国家税务总局规定的其他服务。

三、按照国家有关规定应取得相关资质的国际运输服务项目，纳税人取得相关资质的，适用增值税零税率政策，未取得的，适用增值税免税政策。

境内的单位或个人提供程租服务，如果租赁的交通工具用于国际运输服务和港澳台运输服务，由出租方按规定申请适用增值税零税率。

境内的单位和个人向境内单位或个人提供期租、湿租服务，如果承租方利用租赁的交通工具向其他单位或个人提供国际运输服务和港澳台运输服务，由承租方适用增值税零税率。境内的单位或个人向境外单位或个人提供期租、湿租服务，由出租方适用增值税零税率。

境内单位和个人以无运输工具承运方式提供的国际运输服务，由境内实际承运人适用增值税零税率；无运输工具承运业务的经营者适用增值税免税政策。

四、境内的单位和个人提供适用增值税零税率的服务或者无形资产，如果属于适用简易计税方法的，实行免征增值税办法。如果属于适用增值税一般计税方法的，生产企业实行免抵退税办法，外贸企业外购服务或者无形资产出口实行免退税办法，外贸企业直接将服务或自行研发的无形资产出口，视同生产企业连同其出口货物统一实行免抵退税办法。

服务和无形资产的退税率为其按照《试点实施办法》第十五条第（一）至（三）项规定适用的增值税税率。实行退（免）税办法的服务和无形资产，如果主管税务机关认定出口价格偏高的，有权按照核定的出口价格计算退（免）税，核定的出口价格低于外贸企业购进价格的，低于部分对应的进项税额不予退税，转入成本。

五、境内的单位和个人销售适用增值税零税率的服务或无形资产的，可以放弃适用增值税零税率，选择免税或按规定缴纳增值税。放弃适用增值税零税率后，36 个月内不得再申请适用增值税零税率。

六、境内的单位和个人销售适用增值税零税率的服务或无形资产，按月向主管退税的税务机关申报办理增值税退（免）税手续。具体管理办法由国家税务总局商财政部另行制定。

七、本规定所称完全在境外消费，是指：

（一）服务的实际接受方在境外，且与境内的货物和不动产无关。

（二）无形资产完全在境外使用，且与境内的货物和不动产无关。

（三）财政部和国家税务总局规定的其他情形。

八、境内单位和个人发生的与香港、澳门、台湾有关的应税行为，除本文另有规定外，参照上述规定执行。

九、2016 年 4 月 30 日前签订的合同，符合《财政部、国家税务总局关于将铁路运输和邮政业纳入营业税改征增值税试点的通知》（财税〔2013〕106 号）附件 4 和《财政部、国家税务总局关于影视等出口服务适用增值税零税率政策的通知》（财税〔2015〕118 号）规定的零税率或者免税政策条件的，在合同到期前可以继续享受零税率或者免税政策。

增值税税率及征收率明细表

纳税人身份	计税模式	税目（应税行为）	税率	发票类型	可否抵扣	备注
一般纳税人	一般计税	提供适用 17% 税率的行为				
		1、销售或进口货物	17.0%	专用发票	可以	
		2、提供应税劳务（加工、修理修配等）	17.0%	专用发票	可以	
		3、租赁服务（有形动产）	17.0%	专用发票	可以	
		（1）融资租赁服务	17.0%			
		①有形动产融资租赁服务	17.0%			
		（2）经营租赁服务	17.0%	专用发票	可以	
		①有形动产经营租赁业务	17.0%	专用发票	可以	
	一般计税	提供适用 13% 税率的行为				
		1、粮食、食用植物油	13.0%	农产品销售发票或收购发票	可以	
		2、自来水、暖气、冷气、热气、煤气、石油液化气、天然气、沼气、居民用煤炭制品	13.0%	专用发票	可以	
		3、图书、报纸、杂志	13.0%	专用发票	可以	
		4、饲料、化肥、农药、农机（整机）、农膜	13.0%	专用发票	可以	
		5、国务院规定的其他货物	13.0%	专用发票	可以	
		6、农产品（指各种动、植物初级产品，不含淀粉）；食用盐；二甲醚	13.0%	专用发票	可以	
		7、音像制品；电子出版物	13.0%	专用发票	可以	
	一般计税	提供适用 11% 税率的行为				
		1、交通运输服务	11.0%			

续表

纳税人身份	计税模式	税目（应税行为）	税率	发票类型	可否抵扣	备注
一般纳税人	一般计税	（1）陆路运输服务	11.0%	专用发票	可以	
		①铁路运输服务	11.0%	专用发票	可以	
		②其他陆路运输服务	11.0%	专用发票	可以	
		（2）水路运输服务	11.0%	专用发票	可以	
		①程租业务	11.0%	专用发票	可以	
		②期租业务	11.0%	专用发票	可以	
		（3）航空运输服务	11.0%	专用发票	可以	
		①航空运输的湿租服务	11.0%	专用发票	可以	
		（4）管道运输服务	11.0%	专用发票	可以	
		①无运输工具承运服务	11.0%	专用发票	可以	
		2、邮政服务	11.0%	专用发票	可以	
		（1）邮政普遍服务	11.0%	专用发票	可以	
		①函件	11.0%	专用发票	可以	
		②包裹	11.0%	专用发票	可以	
		（2）邮政特殊服务	11.0%	专用发票	可以	
		①邮政特殊服务	11.0%	专用发票	可以	
		（3）其他邮政服务	11.0%	专用发票	可以	
		①邮册等邮品销售、邮政代理业务活动	11.0%	专用发票	可以	
		3、电信服务（基础）	11.0%	专用发票	可以	
		（1）基础电信服务	11.0%	专用发票	可以	
		①基础电信服务	11.0%	专用发票	可以	
		4、建筑服务	11.0%	专用发票	可以	
		（1）工程服务	11.0%	专用发票	可以	
		①工程服务	11.0%	专用发票	可以	
		（2）安装服务	11.0%	专用发票	可以	
		①安装服务	11.0%	专用发票	可以	
		（3）修缮服务	11.0%	专用发票	可以	
		①修缮服务	11.0%	专用发票	可以	

续表

纳税人身份	计税模式	税目（应税行为）	税率	发票类型	可否抵扣	备注
一般纳税人	一般计税	（4）装饰服务	11.0%	专用发票	可以	
		①装饰服务	11.0%	专用发票	可以	
		（5）其他建筑服务	11.0%	专用发票	可以	
		①其他建筑服务	11.0%	专用发票	可以	
		5、销售不动产	11.0%	专用发票	可以	
		（1）销售建筑物	11.0%	专用发票	可以	
		①建筑物	11.0%	专用发票	可以	
		（2）销售构筑物	11.0%	专用发票	可以	
		①构筑物	11.0%	专用发票	可以	
		6、销售无形资产（土地使用权）	11.0%	专用发票	可以	
		（1）自然资源使用权	11.0%	专用发票	可以	
		①土地使用权	11.0%	专用发票	可以	
		7、租赁服务（不动产）	11.0%	专用发票	可以	
		（1）融资租赁服务	11.0%			
		②不动产融资租赁服务	11.0%			
		（2）经营租赁服务	11.0%	专用发票	可以	
		②不动产经营租赁业务	11.0%	专用发票	可以	
	一般计税	提供适用6%税率的行为				
		1、电信服务（增值）	6.0%	专用发票	可以	
		（2）增值电信服务	6.0%	专用发票	可以	
		①增值电信服务	6.0%	专用发票	可以	
		2、金融服务	6.0%			
		（1）贷款服务	6.0%			
		①贷款	6.0%			
		②融资性售后回租	6.0%			
		（2）直接收费金融服务	6.0%			
		①直接收费金融服务	6.0%			
		（3）保险服务	6.0%	专用发票	可以	

续表

纳税人身份	计税模式	税目（应税行为）	税率	发票类型	可否抵扣	备注
一般纳税人	一般计税	①人身保险服务	6.0%		不可以	
		②财产保修服务	6.0%	专用发票	可以	
		（4）金融商品转让	6.0%	专用发票	可以	
		①金融商品转让	6.0%			
		②其他金融商品转让	6.0%			
		3、现代服务	6.0%	专用发票	可以	
		（1）研发和技术服务	6.0%	专用发票	可以	
		①研发服务	6.0%	专用发票	可以	
		②合同能源管理服务	6.0%	专用发票	可以	
		③工程勘察勘探服务	6.0%	专用发票	可以	
		④专业技术服务	6.0%	专用发票	可以	
		（2）信息技术服务	6.0%	专用发票	可以	
		①软件服务	6.0%	专用发票	可以	
		②电脑设计及测算服务	6.0%	专用发票	可以	
		③信息系统服务	6.0%	专用发票	可以	
		④业务流程管理服务	6.0%	专用发票	可以	
		⑤信息系统增值服务	6.0%	专用发票	可以	
		（3）文化创意服务	6.0%	专用发票	可以	
		①设计服务	6.0%	专用发票	可以	
		②知识产权服务	6.0%	专用发票	可以	
		③广告服务	6.0%	专用发票	可以	
		④会议展览服务	6.0%	专用发票	可以	
		（4）物流辅助服务	6.0%	专用发票	可以	
		①航空服务	6.0%	专用发票	可以	
		②港口码头服务	6.0%	专用发票	可以	
		③货运客运场站服务	6.0%	专用发票	可以	
		④打捞救助服务	6.0%	专用发票	可以	
		⑤装修搬运服务	6.0%	专用发票	可以	
		⑥仓储服务	6.0%	专用发票	可以	

续表

纳税人身份	计税模式	税目（应税行为）	税率	发票类型	可否抵扣	备注
一般纳税人	一般计税	⑦收派服务(收、分、派)	6.0%	专用发票	可以	
		(5) 鉴证咨询服务	6.0%	专用发票	可以	
		①认证服务	6.0%	专用发票	可以	
		②鉴证服务	6.0%	专用发票	可以	
		③咨询服务	6.0%	专用发票	可以	
		(6) 广播影视服务	6.0%	专用发票	可以	
		①广播影视节目(作品)制作服务	6.0%	专用发票	可以	
		②广播影视节目(作品)发行服务	6.0%	专用发票	可以	
		③广播影视节目(作品)播映服务	6.0%	专用发票	可以	
		(7) 商务辅助服务	6.0%	专用发票	可以	
		①企业管理服务	6.0%	专用发票	可以	
		②经纪代理服务	6.0%	专用发票	可以	
		③人力资源服务	6.0%	专用发票	可以	
		④安全保护服务	6.0%	专用发票	可以	
		(8) 其他现代服务	6.0%	专用发票	可以	
		①其他现代服务	6.0%	专用发票	可以	
		4、生活服务	6.0%			
		(1) 文化体育服务	6.0%	专用发票	可以	
		①文化服务	6.0%	专用发票	可以	
		②体育服务	6.0%	专用发票	可以	
		(2) 教育医疗服务	6.0%	专用发票	可以	
		①教育服务	6.0%	专用发票	可以	
		②医疗服务	6.0%	专用发票	可以	
		(3) 旅游娱乐服务	6.0%	专用发票	可以	
		①旅游服务	6.0%	专用发票（非集体福利等）	可以	

续表

纳税人身份	计税模式	税目（应税行为）	税率	发票类型	可否抵扣	备注
一般纳税人	一般计税	②娱乐服务	6.0%	专用发票（非个人消费等）	可以	
		（4）餐饮住宿服务	6.0%			
		①餐饮服务	6.0%	普通发票、专用发票	不可以	
		②住宿服务	6.0%	专用发票	可以	
		（5）居民日常服务	6.0%	增值税专用发票（用于生产经营）	可以	
		（6）其他生活服务	6.0%	专用发票	可以	
		5、销售无形资产	6.0%			
		（1）技术	6.0%	专用发票	可以	
		①专利技术	6.0%	专用发票	可以	
		②非专利技术	6.0%	专用发票	可以	
		（2）商标	6.0%	专用发票	可以	
		（3）著作权	6.0%	专用发票	可以	
		（4）商誉	6.0%	专用发票	可以	
		（5）其他权益性无形资产	6.0%	专用发票	可以	
		（6）自然资源使用权	6.0%	专用发票	可以	
		①海域使用权	6.0%	专用发票	可以	
		②探矿权	6.0%	专用发票	可以	
		③采矿权	6.0%	专用发票	可以	
		④取水权	6.0%	专用发票	可以	
		⑤其他自然资源使用权	6.0%	专用发票	可以	
所有纳税人	简易、征收率	提供适用5%征收率的行为				
		1、销售不动产	5.0%	专用发票	可以	
		（1）取得的不动产（差额纳税）	5.0%	专用发票	可以	

续表

纳税人身份	计税模式	税目（应税行为）	税率	发票类型	可否抵扣	备注
一般纳税人	简易计税	①一般纳税人（2016年4月30日前取得）	5.0%	专用发票	可以	
小规模纳税人	征收率	②小规模纳税人（不含购买的住房和个人销售不动产）	5.0%	专用发票	可以	
小规模纳税人	征收率	③其他个人（不含其购买的住房）	5.0%	专用发票	可以	
所有纳税人	简易、征收率	(2)自建的不动产(全额纳税)	5.0%	专用发票	可以	
一般纳税人	简易计税	①一般纳税人（2016年4月30日前取得）	5.0%	专用发票	可以	
小规模纳税人	征收率	②小规模纳税人	5.0%	专用发票	可以	
所有纳税人	简易、征收率	(3)房地产开发企业销售自行开发的项目（全额纳税）	5.0%	专用发票	可以	
一般纳税人	简易计税	①一般纳税人（2016年4月30日前取得）	5.0%	专用发票	可以	
小规模纳税人	征收率	②小规模纳税人	5.0%	专用发票	可以	
小规模纳税人	征收率	(4)个人销售住房（购买不足2年）(全额纳税)	5.0%	专用发票	可以	
所有纳税人	简易、征收率	2、不动产经营租赁	5.0%	专用发票	可以	
		(1)取得的不动产	5.0%	专用发票	可以	
一般纳税人	简易计税	①一般纳税人（2016年4月30日前取得）	5.0%	专用发票	可以	
小规模纳税人	征收率	②小规模纳税人（不含个人出租住房）	5.0%	专用发票	可以	

续表

纳税人身份	计税模式	税目（应税行为）	税率	发票类型	可否抵扣	备注
小规模纳税人	征收率	③其他个人（不含住房）	5.0%	专用发票	可以	
一般纳税人	简易计税	3、中外合作油（气）田开采（含中外双方签定石油合同合作开采陆上）的原油、天然气	5.0%	专用发票	可以	
所有纳税人	简易、征收率	提供适用 3% 征收率的行为				
小规模纳税人	征收率	1、小规模纳税人发生的应税行为	3.0%	专用发票	可以	
		(1)小规模纳税人销售货物、劳务、无形资产、服务	3.0%	专用发票	可以	
		①销售货物	3.0%	专用发票	可以	
		②提供劳务	3.0%	专用发票	可以	
		③转让无形资产	3.0%	专用发票	可以	
		④销售服务（建筑、运输、现代服务、生活服务等）	3.0%	专用发票	可以	
		(2) 小规模纳税人（除其他个人外）销售自己使用过的除固定资产以外的物品	3.0%	专用发票	可以	
		(3) 小规模纳税人销售自己使用过的固定资产（可放弃减税，代开专用发票）	3.0%	专用发票	可以	
一般纳税人	简易计税	2、一般纳税人可选择按征收率 3% 计税的行为	3.0%	专用发票		
		(1) 有形动产经营租赁	3.0%	专用发票	可以	
		①公路经营企业收取试点前开工（在 2016 年 4 月 30 日前）的高速公路的车辆通行费	3.0%	专用发票	可以	

续表

纳税人身份	计税模式	税目（应税行为）	税率	发票类型	可否抵扣	备注
一般纳税人	简易计税	②以纳入营改增试点之日前取得的有形动产为标的物提供的经营租赁服务	3.0%	专用发票	可以	
		③在纳入营改增试点之日前签订的尚未执行完毕的有形动产租赁合同	3.0%	专用发票	可以	
		（2）建筑服务	3.0%	专用发票	可以	
		①以清包工方式提供的建筑服务	3.0%	专用发票	可以	
		②为甲供工程提供的建筑服务	3.0%	专用发票	可以	
		③为建筑工程老项目提供的建筑服务（2016年4月30日前）	3.0%	专用发票	可以	
		（3）交通运输服务	3.0%	专用发票	可以	
		①提供的公共交通运输服务（包括轮客渡、公交客运、地铁、城市轻轨、出租车、长途客运、班车）	3.0%	专用发票	可以	
		（4）现代服务	3.0%	专用发票	可以	
		①提供的电影放映服务	3.0%	专用发票	可以	
		②提供的仓储服务	3.0%	专用发票	可以	
		③提供的装卸搬运服务	3.0%	专用发票	可以	
		④提供的收派服务	3.0%	专用发票	可以	

续表

纳税人身份	计税模式	税目（应税行为）	税率	发票类型	可否抵扣	备注
一般纳税人	简易计税	⑤经认定的动漫企业为开发动漫产品提供的动漫脚本编撰、形象设计、背景设计、动画设计、分镜、动画制作、摄制、描线、上色、画面合成、配音、配乐、音效合成、剪辑、字幕制作、压缩转码（面向网络动漫、手机动漫格式适配）服务，以及在境内转让动漫版权（包括动漫品牌、形象或者内容的授权及再授权）	3.0%	专用发票	可以	
		（5）生活服务	3.0%	专用发票	可以	
		①提供的文化体育服务	3.0%	专用发票	可以	
		（6）特殊货物	3.0%			
		①药品经营企业获准从事生物制品经营的药品批发和零售企业销售生物制品	3.0%			
		②兽用药品经营企业获准从事兽用生物制品经营的兽用药品批发和零售企业销售兽用生物制品	3.0%			
		③光伏发电项目发电户（个人和不经常发生应税行为的非企业性单位）销售电力产品（有减免）	3.0%			

续表

纳税人身份	计税模式	税目（应税行为）	税率	发票类型	可否抵扣	备注
一般纳税人	简易计税	④自2015年9月1日起至2016年6月30日，对增值税一般纳税人销售的库存化肥（在2015年8月31日前生产或购进的尚未销售的化肥）	3.0%			
		(7)由原4%征收率改为按3%征收率计税的行为（开专用发票）	3.0%	专用发票		
		①寄售商店代销寄售物品（含居民个人寄售的物品）	3.0%			
		②典当业销售死当物品	3.0%			
		(8)由原6%征收率改为可选择按3%征收率计税的销售货物行为	3.0%	专用发票		
		①县级及县级以下小型水利发电单位生产的电力	3.0%	专用发票		
		②自产的建筑用和生产建筑材料所用的砂、土、石料	3.0%	专用发票		
		③以自己采掘的砂、土、石料或其他矿物连续生产的砖、瓦、石灰（不含黏土实心砖、瓦）	3.0%	专用发票		
		④用微生物、微生物代谢产物、动物毒素、人或动物的血液或组织，自产制成的生物制品	3.0%	专用发票		

续表

纳税人身份	计税模式	税目（应税行为）	税率	发票类型	可否抵扣	备注
一般纳税人	简易计税	⑤自产的自来水	3.0%	专用发票		
		⑥自产的以水泥为原料生产的商品混凝土	3.0%	专用发票		
		⑦一般纳税人的自来水公司销售自来水（不含桶装水）	3.0%	专用发票		
		⑧一般纳税人（固定业户）未持“外出经营活动税收管理证明”，临时到外省、市销售货物的，经营地税务机关按3%的征收率征税，需开具专用发票的回原地补开	3.0%	专用发票		
		⑨属于增值税一般纳税人的单采血浆站销售非临床用人体血液（但不得对外开具增值税专用发票）	3.0%	专用发票		
所有纳税人	简易、征收率	提供减按2%征收的行为				
一般纳税人	简易计税	1、一般纳税人销售使用过的固定资产及旧货现减按2%计税	2.0%			
		（1）销售旧货（不包括自己使用过的物品）	2.0%			
		（2）销售使用过的固定资产（不含不动产）	2.0%			
		①一般纳税人销售自己使用过的、纳入营改增试点之日前取得的固定资产	2.0%			

续表

纳税人身份	计税模式	税目（应税行为）	税率	发票类型	可否抵扣	备注
一般纳税人	简易计税	②纳税人购进或者自制固定资产时为小规模纳税人，认定为一般纳税人后销售该自己使用过的固定资产	2.0%			
一般纳税人	简易计税	③一般纳税人销售其按照规定不得抵扣且未抵扣进项税额的已使用过的固定资产	2.0%			
小规模纳税人	征收率	2、小规模纳税人（除其他个人外）销售自己使用过的固定资产和旧货	2.0%			
		（1）销售自己使用过的固定资产	2.0%			
		（2）销售旧货（不包括自己使用过的物品）	2.0%			
所有纳税人	征收率	3、专门从事旧货买卖的企业销售旧货	2.0%			
个人	征收率	提供减按1.5%征收的行为				
个人	征收率	1、个人出租住房，按照5%的征收率减按1.5%计算应纳税额	1.5%	专用发票	可以	
所有纳税人	简易、征收率	提供适用0%税率和免税的行为				
所有纳税人	简易、征收率	1、适用零税率的应税行为	0.0%			
所有纳税人	简易、征收率	（1）国际运输服务	0.0%			
		（2）航天运输服务	0.0%			

续表

纳税人身份	计税模式	税目（应税行为）	税率	发票类型	可否抵扣	备注
所有纳税人	简易、征收率	(3) 向境外单位提供的完全在境外消费的下列服务	0.0%			
		①研发服务	0.0%			
		②合同能源管理服务	0.0%			
		③设计服务	0.0%			
		④广播影视节目（作品）的制作和发行服务	0.0%			
		⑤软件服务	0.0%			
		⑥电路设计及测试服务	0.0%			
		⑦信息系统服务	0.0%			
		⑧业务流程管理服务	0.0%			
		⑨离岸服务外包业务	0.0%			
		⑩转让技术	0.0%			
		(4) 财政部和国家税务总局规定的其他服务	0.0%			
		2、免征增值税的应税行为	0.0%			
		(1) 财政部和国家税务总局规定适用增值税零税率的除外的服务	0.0%			
		①工程项目在境外的建筑服务	0.0%			
		②工程项目在境外的工程监理服务	0.0%			
		③工程、矿产资源在境外的工程勘察勘探服务	0.0%			
		④会议展览地点在境外的会议展览服务	0.0%			
		⑤存储地点在境外的仓储服务	0.0%			

续表

纳税人身份	计税模式	税目（应税行为）	税率	发票类型	可否抵扣	备注
所有纳税人	简易、征收率	⑥标的物在境外使用的有形动产租赁服务	0.0%			
		⑦在境外提供的广播影视节目（作品）的播映服务	0.0%			
		⑧在境外提供的文化体育服务、教育医疗服务、旅游服务	0.0%			
		（2）为出口货物提供的邮政服务、收派服务、保险服务	0.0%			
		（3）向境外单位提供的完全在境外消费的下列服务和无形资产	0.0%			
		①电信服务	0.0%			
		②知识产权服务	0.0%			
		③物流辅助服务（仓储服务、收派服务除外）	0.0%			
		④鉴证咨询服务	0.0%			
		⑤专业技术服务	0.0%			
		⑥商务辅助服务	0.0%			
		⑦广告投放地在境外的广告服务	0.0%			
		⑧无形资产	0.0%			
		（4）以无运输工具承运方式提供的国际运输服务	0.0%			
		（5）与境内的货物、无形资产和不动产无关的为境外单位之间的货币资金融通及其他金融业务提供的直接收费金融服务	0.0%			
		（6）财政部和国家税务总局规定的其他服务	0.0%			

后记

2016年是“营改增”全面推开的关键年度，随着财税〔2016〕36号文的颁发，以及随后颁布的诸多补充性文件和政策解释，各个行业全面推行“营改增”,全国各地普遍掀起“营改增”研讨与学习热潮。正是在这种形势下，我们组织编写了这套《“营改增”新政解读与税务处理》丛书。

“营改增”新政的实施对各个行业而言，既是挑战也是机遇，是企业管理模式的创新和经营机制的再造。本套丛书以案例解读“营改增”新政，力求做到政策性强、可操作性强，能够对管理层、财税人员有极大的指导和帮助。

参与丛书编写工作的有蔡昌、白茜、陈宇翔、李梦娟、高皓洁、黄洁瑾、黄颖超、黄荷卿、鲁兵兵、罗怡霏、蔡一炜、王程祥、闻晓娟、姚垚等。本书在写作过程中，参阅了大量文献和网络资料，未能一一列出，在此一并向原作者表示感谢。此次出版的这个版本，相关“营改增”法规收录至2016年8月底。读者在阅读本套丛书时有何政策及实践操作疑问，欢迎来信来函和我们交流，交流邮箱：taxplanning_cufe@163.com。

由于时间仓促，编者水平有限，疏漏和谬误之处在所难免，敬请读者批评指正。

编　者

二零一六年八月